NATIONAL GEOGRAPHIC

Für Luke
und seine Zukunft

ANDREAS KIELING

DURCH DEUTSCHLAND WANDERN

Auf der Suche nach den wilden Tieren

1 Frühmorgens auf Wanderung: In der ruhigsten Zeit des Tages sind Tierbegegnungen am wahrscheinlichsten.

2 Sein possierliches Aussehen täuscht. Waschbären haben sich in Deutschland viele Lebensräume erobert und verdrängen manche heimische Art.

3 Thüringische Schieferhandwerkskunst am Rennsteig.

4 Junghasen geben in den ersten Lebenstagen keine Witterung ab. Sie werden mit Fell und offenen Augen in einer Sasse geboren.

5 Mit zehn bis zwölf Wochen werden Jungfüchse selbstständig und unternehmen alleine ihre ersten Beutezüge.

6 Durch Deutschland zu wandern bedeutet nicht nur, eine grandiose Natur zu entdecken. Auch Burgen und Schlösser lassen den Wanderer immer wieder staunen.

7 Naturbelassene Wiesen entwickeln oftmals eine große Vielfalt an Gräsern, Kräutern und Blumen.

8 Europas größte Wildpferdeherde: Fast 300 Tiere leben im Merfelder Bruch bei Dülmen.

9 Kraniche ziehen nach Sonnenuntergang zu ihren Schlafplätzen in Brandenburg.

10 Cleos schwärzester Tag auf unserer Wanderung quer durch Deutschland – kurz vor der Ostsee wird sie von einem wilden Nanduhahn attackiert.

11 Zwei etwa zehn Wochen alte Wolfswelpen in einem Gehege mit ihrer Beute. Wölfe erlegen überwiegend krankes und altes Wild.

12 Die Schlingnatter sieht der Kreuzotter zum Verwechseln ähnlich, ist aber ungiftig.

13 Bei unserer Wanderung quer durch Deutschland begleitete Markus Lanz Cleo und mich ein paar Tage lang.

14 Die schneckenförmigen Hörner von Muffelwiddern werden bis zu 80 Zentimeter lang.

1 Der rote Fingerhut ist immer noch eine bedeutende Arzneipflanze. Aus seinen Blättern wird ein herz- und kreislaufstärkender Wirkstoff gewonnen.

2 Die Begegnung mit einem Luchs dauert in freier Wildbahn höchstens wenige Sekunden.

3 Das Wimbachgriestal im Berchtesgadener Land erinnert auf verblüffende Weise an die Rocky Mountains.

4 Der scheue Schwarz- oder Waldstorch war in Deutschland fast ausgestorben. Mittlerweile brütet er wieder in vielen Regionen.

5 Das Ende einer „Männerfreundschaft“: In der Brunftzeit kämpfen Rothirsche erbittert miteinander.

6 Cleo mit ihrem ersten Wurf. Neun Wochen lang war sie eine fürsorgliche Mutter.

7 Grit, die Försterin aus dem Ostthüringer Schiefergebirge, mit ihrem zahmen Wildschwein, dem vierjährigen Keiler Einstein.

8 Abendstimmung auf dem 400 Meter hohen „Kalimandscharo" an der Werra. Der vom Menschen geschaffene Berg besteht aus Natriumchlorid, das als Abraumsalz beim Kalibergbau anfällt.

9 Der Seeadler ist die größte Adlerart Europas. Mit seinen kräftigen Krallen erbeutet er auch große Fische mühelos.

10 Da Steinböcke in Deutschland nicht bejagt werden, sind sie dem Menschen gegenüber recht vertraut.

11 Glückliche Tage an der Elbe: Bei unseren Wanderungen durch Deutschland knüpft Cleo schnell Kontakte zu den Einheimischen.

12 Bergidylle in den Alpen. Die Viehtränke ersetzt die Morgendusche.

13 Nur für einen kurzen Moment erscheint der Rothirsch auf der Waldlichtung – wie in einem Gemälde von Rembrandt.

14 Kein Jäger, sondern Sammler: Ernst Nitsches Trophäensammlung besteht nur aus gefundenen toten Tieren.

INHALT

VORWORT

Markus Lanz

Wer die kraftvollen Bilder sieht, die er von seinen Reisen mitbringt, Reisen in die entlegensten Winkel der Erde, hart, entbehrungsreich und oft an der Grenze dessen, was ein Mensch zu ertragen imstande ist, erst im Flugzeug, weiter auf staubigen Pisten und am Ende fast immer zu Fuß, so lange, bis sich sein Hund die Pfoten blutig gelaufen hat und er mit ausgemergeltem Gesicht und leerem Blick irgendwo ins Zelt kriecht, der fragt sich unwillkürlich: warum? Warum tut er sich das an?

Die Antwort darauf fällt schwer. Vielleicht, weil es nicht nur eine gibt? Mag sein. Ich habe allerdings einen anderen Verdacht, der sich im Laufe der Jahre, die ich Andreas Kieling nun kenne, erhärtet hat: Die Antwort auf das Warum – es gibt sie gar nicht. Es gibt nämlich keinen vernünftigen Grund, wochenlang in der eisigen Kälte der kanadischen Hudson Bay auszuharren. Wer Glück hat, dem erfrieren bei minus 40 Grad nur die Fingerkuppen. Andere – wie Andreas – müssen sich hinterher künstliche Linsen einsetzen lassen, weil Kälte, Wind und gleißend helles Licht ihre Augen ruiniert haben. Und es gibt erst recht keinen vernünftigen Grund, in die dunklen Flüsse im wilden Norden Australiens zu steigen, um mit aggressiven Salzwasserkrokodilen zu tauchen, die allen anderen Wesen haushoch überlegen sind, weil sie jede noch so kleine Vibration im Wasser über Hunderte Meter hinweg spüren und selbst in der schlammigsten Brühe noch alles sehen können. Die Evolution hat ihnen nämlich drei Augenlider geschenkt. Pro Auge. Ich erinnere mich gut an die Antwort, die mir Andreas gab, als ich ihn fragte, was ihn denn so sicher mache, dass ihn die Krokodile unter Wasser in Ruhe lassen würden: «Die denken so langsam, dass sie ein paar Tage brauchen, bis sie begriffen haben, dass ich kein Krokodil bin.» Was aber, wenn er mal an ein Exemplar gerät, das nicht in Zeitlupe denkt?

Nein, für all das gibt es keinen *vernünftigen* Grund. Aber natürlich gibt es einen. Andreas Kieling traut sich, was selten geworden ist in unserer rationalen Welt, in der alles immer einen Sinn haben muss: Er folgt seinem Herzen und seinem Instinkt. Und lehrt uns durch seine Reisen, dass auch wir als Menschen des 21. Jahrhunderts, die mithilfe modernster Technik jeden noch so verborgenen Winkel der Erde finden, immer noch Entdecker sein können. «Es geht», wie der französische Schriftsteller Marcel Proust schrieb, «nicht darum, neue Landstriche zu finden. Es geht darum, sie mit anderen Augen zu sehen.»

‹
Sumpflandschaften haben mich schon immer magisch angezogen. Oft wirken sie noch so, als würde man sie als erster Mensch betreten. Und immer sind sie voller Leben.

GEWALTIGE GIPFEL UND GIFTIGE ZÄHNE

Berchtesgadener Land

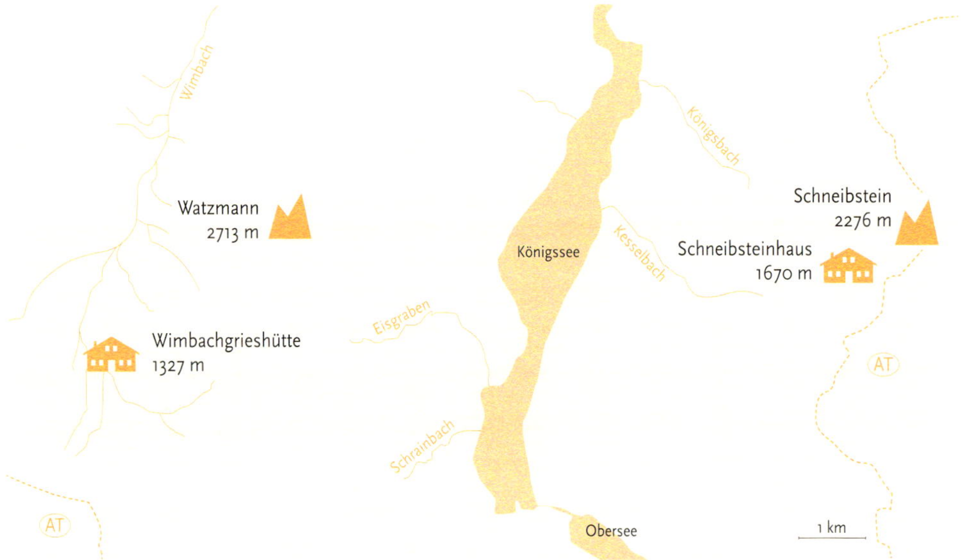

<<<
Vor dem Aufstieg: Es gilt 40 Kilogramm Ausrüstung zu tragen.

<<
Lange Zeit galt der Steinbock als „wandelnde Apotheke". Viele seiner Körperteile waren in der Heilkunde begehrt.

<
Nach der Schneeschmelze regt sich in der Maisonne neues Leben.

DIE ALPEN SIND eine der schönsten Gegenden Deutschlands und können jedem Vergleich mit berühmten Bergmassiven wie den Rocky Mountains oder dem Himalaja standhalten – mit einem großen Vorteil: Sie liegen vor unserer Haustür; keine lange Anreise, kein Jetlag. Für mich besteht ihre Faszination in den grandiosen Blicken über eine atemberaubende Landschaft, in der Vielfalt seltener oder seltsamer Tierarten – vom winzigen, pechschwarzen Alpensalamander über die putzigen, pelzigen Murmeltiere bis hin zum majestätischen Alpensteinbock – und in den vielen kleinen, nah beieinanderliegenden Vegetationszonen und Lebensräumen, die man an einem einzigen Tag durchlaufen kann. In den Tälern wandert man durch üppige Wälder mit Ahorn, Buchen, Moosen und Flechten, wie ich sie sonst nur aus Kanada oder Neuseeland kenne. Wenige Hundert Höhenmeter darüber ist diese Urwaldpracht verschwunden, und es wachsen fast nur noch Fichten und Lärchen; wieder ein Stück höher beherrschen Latschenkiefern das Bild, dann Geröll und nackter, schroffer Fels. Dazu die saftigen Almwiesen, die urigen, verwitterten Holzhütten, das behäbige Braunvieh mit dem melodischen Geläut der Kuhglocken, smaragdgrüne und kobaltblaue Seen, die Farbenpracht der Alpenblumen, die klare, würzige Luft – es ist eine Bilderbuchidylle. Natürlich ist mir klar, dass sich hinter diesem romantischen Bild der harte und oftmals karge Alltag der Bergbauern und Senner verbirgt, dass die Moderne auch hier längst Einzug gehalten hat und der Tourismus seinen Preis fordert.

^
Im Nationalpark Berchtesgadener Land sind die Steinböcke dem Menschen gegenüber recht vertraut. Die Kunst besteht darin, sie überhaupt zu finden.

<
Zelten ist im Nationalpark nicht erlaubt. So müssen Cleo und ich unser Camp außerhalb des Schutzgebiets aufschlagen.

Magische Kräfte

Das interessanteste Tier der Alpen ist für mich der Steinbock. Jahrhundertelang galt er als „lebende Apotheke". Sein Gehörn, die Hufe, das Blut, die Exkremente, fast jedes Teil dieses Tiers wurde zerrieben, gekocht, gesiedet oder sonst wie aufbereitet und als Heilmittel gegen Rheuma, Gicht und andere Leiden verabreicht. Am wertvollsten war der Ballen aus Haaren, Pflanzenfasern und Harz, der sich bei manchen Steinböcken im Magen bildet. Diesem sogenannten Bezoarstein wurden magische Kräfte zugesprochen, und er wurde daher im wahrsten Sinn des Wortes mit Gold aufgewogen – was dazu führte, dass die Steinböcke bis an den Rand der Ausrottung gejagt wurden. Dass es sie heute überhaupt noch gibt, ist zwei frühen Tierschützern zu verdanken, die sich Mitte des 19. Jahrhunderts dafür einsetzten, die Letzten dieser Art, die in dem unwegsamen und schwer zugänglichen Bergmassiv Gran Paradiso in Italien Zuflucht gefunden hatten, unter Schutz zu stellen. Von dort fanden die Steinböcke dank mehrerer Wiederansiedlungsprogramme schließlich auch wieder ihren Weg in die deutschen Alpen.

Überraschend ist, dass diese Tiere trotz der jahrhundertelangen Bejagung keine große Scheu vor Menschen haben und sie recht nah an sich heranlassen. Vermutlich vertrauen sie auf ihre Kletterkünste, die es ihnen erlauben, in Sekundenschnelle in steile, schroffe Felswände zu entschwinden und sich so außer Gefahr zu bringen. Das schützt sie natürlich nicht vor Gewehrkugeln, aber es scheint, als wüssten Steinböcke, dass sie in Deutschland heute nicht

Gämsen sind die am häufigsten vorkommenden Huftiere im Alpenraum. Männliche und weibliche Tiere tragen einen zeitlebens wachsenden Kopfschmuck.

›
Durch das tagelange Laufen auf dem rauen Kalkstein sind Cleos Pfoten wund und müssen versorgt werden.

mehr gejagt werden dürfen. Die Gelassenheit dieser Tiere gegenüber dem Menschen ist wirklich erstaunlich. Steinwild fasziniert mich genau deswegen: weil man sehr nah an diese gewaltigen Tiere herankommt – und dies in einer grandiosen Hochgebirgslandschaft, die einen schon an sich in ein Hochgefühl versetzt. Ich habe die Begegnungen mit ihnen als ein großes Geschenk erlebt, denn die meisten Wildtiere kann man nur aus einem Versteck heraus beobachten oder wenn man sich ihnen gegen den Wind nähert. Und kaum nehmen sie einen wahr, sind sie auch schon verschwunden. Steinböcke hingegen bleiben ebenso wie Gämsen völlig entspannt.

Nichtsdestotrotz braucht es Glück, Steinwild zu entdecken, denn es gibt nur fünf Populationen in Deutschland – eine davon im Hagengebirge bei Berchtesgaden, wo ich unterwegs war –, und es ist nach wie vor nicht sehr zahlreich. Außerdem leben die Tiere in etwa 1800 bis 3000 Meter Höhe und bilden sehr kleine Rudel, sind also schwer ausfindig zu machen. So war das Beschwerliche in diesem Fall nicht, sich anzuschleichen, um gute Aufnahmen zu bekommen, sondern die Tiere überhaupt zu finden.

Cleo versuchte während unserer Suche ein ums andere Mal, Gämsen hinterherzuklettern, und musste jedes Mal enttäuscht den Rückzug antreten, während ich nur hoffen konnte, dass sie heil wieder aus der Steilwand herauskam. Bei der Hatz auf andere Tiere gibt Cleo auf, sobald sie erkennt, dass sie keine Chance hat. Nicht so bei Gämsen. Generell scheinen Hunde dem Duft von Boviden (Hornträgern) nicht widerstehen zu können. Außerdem flüchteten die Gämsen immer nur 20 bis 30 Meter weit, blieben dann stehen, guckten, ob der Hund nachkam – und erst im Fall des Falles kletterten sie ein paar Meter höher. Und immer ließ Cleo sich davon verleiten, ihnen nachzusteigen.

‹
Nach stundenlangem Klettern in dem felsigen Gelände ist Cleo mit ihren Kräften am Ende, und ich muss sie zu unserem Basislager zurücktragen.

›
Ein ausgewachsener männlicher Steinbock kann bis zu 100 Kilogramm schwer werden. Die Tiere sind anspruchslos, was ihre Nahrung angeht: Sie fressen Gräser, Moose und Flechten und sind gute Futterverwerter.

›
Bei Gefahr lassen Gämsen einen Warnpfiff ertönen, der denen von Murmeltieren stark ähnelt.

‹
Berufsjäger Albert Unterberger und Cleo sind schon seit Jahren Freunde. Cleo als Jagdhündin begleitet ihn leidenschaftlich gern bei seinen Pirschgängen.

Schlangenbiss im Hochgebirge

Ich wusste, dass im Hochgebirge Kreuzottern leben. Sie vertragen von allen Schlangen Kälte am besten und können sogar noch in den subarktischen Regionen nördlich des Polarkreises existieren. Dennoch war ich überrascht, als wir eines Morgens auf etwa 1600 Meter Höhe ein Exemplar dieser hübsch gemusterten Vipern entdeckten. Das mit etwa 80 Zentimeter Länge für seine Art recht große Tier lag noch steif von der Kälte der Nacht in den ersten Sonnenstrahlen, um sich aufzuwärmen. Ich ließ Cleo sich in ausreichendem Abstand ablegen und bereitete meine Kamera vor, um die Giftschlange zu fotografieren. Dummerweise reichten der Kreuzotter diese wenigen Minuten, um ihren Kreislauf einigermaßen auf Trab zu bringen, und in dem Moment, in dem ich mich zu ihr hinbeugte, um sie formatfüllend ins Bild zu bekommen, schoss sie nach vorn und biss mir in den rechten Mittelfinger. Kreuzottern sind, wie eigentlich alle Schlangen, nicht sehr angriffslustig und ergreifen lieber die Flucht, als zu kämpfen, aber ich war ihr in ihrem halb dämmerigen Zustand einfach zu nah auf den Pelz gerückt – ein Fehler, der einem erfahrenen Tierfilmer nicht passieren sollte.

Im Allgemeinen ist der Biss einer Kreuzotter für Menschen nicht tödlich. Ihr Gift (eine Mischung aus Blut- und Nervengift) ist zwar sehr toxisch, aber sie produziert nur relativ geringe Mengen davon, sodass es normalerweise nur für Kinder, alte Menschen oder Allergiker eine Gefahr darstellt – oder für Menschen wie mich. Denn seit dem Biss einer hochgiftigen Seeschlange in Indonesien sind meine Nieren geschädigt, und mein Körper reagiert stark auf Gifte. Sofort schnitt ich die Wunde auf und drückte und saugte das bitter schmeckende Gift heraus. Nicht die

<

Nicht Neuseeland, nicht die Rocky Mountains – sondern der Obersee in der Nähe des Königssees. Die Wassertemperatur steigt nie über 15 Grad: Man geht als Prinz rein und kommt als Prinzessin raus.

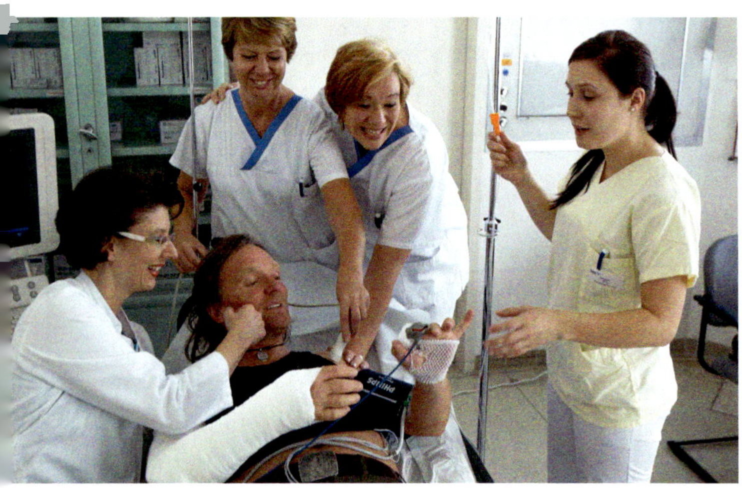

^
Nach dem Kreuzotterbiss schwellen Hand, Arm und Lymphknoten schnell an.

<
Fürsorgliche Belagerung: In der Notaufnahme des Berchtesgadener Krankenhauses stabilisiert sich mein Zustand bald wieder.

beste Methode, da man so einen Teil des Giftes durch die Mundschleimhäute aufnimmt. Besser wäre es, die Wunde mit einer Vakuumpumpe auszusaugen (aber wer hat schon bei einer Bergwanderung ein solches Ding im Gepäck?) oder das Gift nur herauszudrücken, was aber längst nicht so effektiv ist.

Der Biss war extrem schmerzhaft; offenbar hatte die Schlange seit Längerem keine Maus mehr erwischt und mir daher die volle Dosis ihres Giftvorrats injiziert. Trotzdem dachte ich zunächst, na, wird schon nicht so schlimm sein. Doch bald schwoll erst der Finger, dann die ganze Hand an. Mir wurde klar, dass ich so schnell wie möglich zu der Berghütte zurückmusste, von der aus ich aufgebrochen war. Einen anderen Weg gab es nicht, und einfach bergab zu marschieren war mir zu gefährlich. Wer weiß, wo ich da landen würde? Um zu der Hütte zu gelangen, musste ich aber über einen Grat, und das hieß, erst einmal auf 1800 Meter aufsteigen und dann auf der anderen Seite bergab.

Ich spürte, wie sich das Gift immer weiter in meinem Körper ausbreitete – nicht zuletzt, weil ich eigentlich alles falsch machte, was man nach einem Schlangenbiss nur falsch machen kann: Man sollte sich wenig bewegen, wenn möglich ganz still liegen, eine Kompresse anlegen und natürlich schnellstens ein Krankenhaus aufsuchen. Letzteres hatte ich ja vor, aber dazu musste ich erst einmal von diesem Berg runter – und zuerst eben den Berg hoch. Bepackt mit Rucksack, Fotoapparat, Filmkamera und Stativ, also etlichen Kilogramm Gepäck, schleppte ich mich bergauf. Mein ganzer Arm schwoll nun an, ich

Kreuzottergift ist eine Mischung aus Hämo- und Neurotoxin. Es wirkt lähmend und blutzersetzend. Das gut 80 Zentimeter lange Weibchen hatte die volle Giftmenge injiziert. Das Foto entstand nach dem Biss – der rechte Giftzahn hängt noch aus dem Maul.

Nach mehreren Tagen mühevollen Suchens entdecken Cleo und ich endlich die ersten Steinböcke.

bekam wahnsinnige Schmerzen in den Lymphdrüsen der rechten Achselhöhle, und mein Kreislauf sackte ab. Dazu kam das Wissen, Gift im Körper zu haben, und die Angst, weit weg von jeglicher Hilfe zu kollabieren. Ich war am Limit. Zwar hatte ich ein Mobiltelefon dabei, wollte aber keine Mimose sein und die Bergwacht alarmieren. Das war völlig idiotisch, denn der Giftcocktail der Kreuzotter hätte mich das Leben kosten können.

Endlich hatte ich den Grat erreicht. Auf der anderen Seite konnte ich eine Schutthalde „runtersurfen" und erreichte bald die Berghütte. Der Hüttenwirt erschrak fürchterlich, als er mich sah, denn mittlerweile sah mein Arm aus wie eine überdimensionierte Bockwurst, und sogar mein Gesicht war angeschwollen. Als ich ihm erzählte, dass ich von einer Kreuzotter gebissen worden war, packte er mich schnurstracks in seinen Jeep und fuhr mich ins Krankenhaus von Berchtesgaden. Dort hatte man kein Antiserum – wäre ja auch zu schön gewesen. Man erkundigte sich bei einem Giftschlangenspezialisten in München, der meinte, für die Gabe eines Antiserums sei ohnehin zu viel Zeit vergangen. Er riet, mich zu bandagieren und ruhigzustellen. Ich bekam etliche Spritzen: kreislaufstabilisierende, schmerzstillende, entzündungshemmende und blutgerinnungsfördernde.

Die Oberärztin war total verblüfft, als sie mich sah, und erzählte mir, sie habe mich erst vor zwei Tagen im Fernsehen gesehen und sich an dem Abend noch mit ihrer Tochter über den Wahnsinnigen unterhalten, der vor laufender Kamera eine Schwarze Mamba fängt – und nun lag ich hier, wegen eines Schlangenbisses. Sie fand das sehr komisch. Da es mir mittlerweile deutlich besser ging, konnte auch ich darüber lachen.

Man wollte mich drei Tage zur Beobachtung im Krankenhaus behalten, um zu sehen, ob das Gift noch andere Folgen

Steinböcke haben wie alle Boviden ein sehr gutes Sehvermögen. Sie nehmen schon geringste Bewegungen wahr.

<
In den schattigen Alpentälern herrscht ein feuchtkühles Mikroklima, das eine üppige Vegetation gedeihen lässt.

<
Das Federkleid des Alpenschneehuhns sieht zu fast jeder Jahreszeit anders aus. Im Winter sind die Tiere ganz weiß. Zur Balzzeit entwickeln die Hähne eine für viele Raufußhühner typische Balzrose über dem Auge.

>
Murmeltiere verbringen die Wintermonate ruhend in ihrem Bau. Ihr Fett enthält viel natürliches Kortison und wird in der Naturheilkunde noch heute bei Entzündungen und Hautleiden eingesetzt.

zeitigte. Da Cleo und ich aber noch viel vorhatten, verabschiedeten wir uns am nächsten Morgen auf eigene Verantwortung. Neben den Entlassungspapieren hielt mir die Oberärztin eines meiner Bücher unter die Nase, das sie sich am Tag davor schnell gekauft hatte, und bat mich um eine einschlägige Widmung. «Die Geschichte glaubt mir sonst keiner», meinte sie.

Ich fing gleich wieder an, in den Bergen zu fotografieren und zu filmen, obwohl der Arm in den nächsten drei, vier Tagen schon bei der kleinsten Anstrengung wieder anschwoll. Außerdem hatte ich für etwa drei Wochen eine Art Phantomschmerz, ein sehr unangenehmes Kribbeln, ähnlich dem, als wäre der Arm eingeschlafen, nur weit stärker. Dicke Hand, dicker Arm, begleitet von heftigem Kribbeln – nicht gerade optimal für einen Tierfilmer.

Cleo übrigens blieb in all der Zeit gelassen. Selbst als ich mich direkt nach dem Biss über den Bergkamm kämpfte, trottete sie entspannt neben mir her. Sie spürte zwar, dass mit mir etwas nicht stimmte, war aber nicht beunruhigt. Wäre Blut geflossen oder wäre ich fiebrig gewesen, hätte sie vermutlich anders reagiert. Aber so war es für sie weit interessanter, wenn sich Gämsen oder Murmeltiere zeigten, denen sie nachsteigen konnte. Ich musste manchmal daran denken, dass ihre Hunderasse eine der ältesten überhaupt ist und dass viele Jagdhundrassen später aus dem Hannoverschen Schweißhund herausgezüchtet worden sind – unter anderem der Bayerische Gebirgsschweißhund, der leichter und in den Bergen beweglicher ist. Im Berchtesgadener Land benahm sich Cleo oft so, als wollte sie ihren Verwandten unbedingt nacheifern.

MEIN LEBEN MIT DEN WILDSCHWEINEN

‹‹‹
Als Gruppentiere können Wildschweine sogar in freier Wildbahn Menschen gegenüber eine gewisse Vertrautheit entwickeln.

‹‹
Auch auf Grünlandflächen brechen Wildschweine den Boden auf und suchen nach Insekten und Würmern.

‹
Im Alter von vier bis fünf Jahren entwickeln Keiler gewaltige Eckzähne, die sie in der Paarungszeit schonungslos im Kampf mit Kontrahenten einsetzen.

MEIN ERSTES WILDSCHWEIN erlegte ich als junger Förster in der Eifel, einen Keiler mit dicker Winterschwarte. Als ich ihn an den Wildgalgen hängte, um das Fleisch reifen zu lassen, lief das ganze Dorf zusammen und staunte. Seither hat sich viel verändert. Aus der vor 30 Jahren eher seltenen Wildart ist in Teilen Deutschlands ein Problem geworden. Früher vermehrten sich Wildschweine stark in den Jahren, in denen es viele Bucheckern und Eicheln gab. Heute sorgt der intensive Getreideanbau dafür, dass die Bachen selbst dann oft zwei Würfe im Jahr haben, wenn das Angebot an Waldfrüchten eher mager ist. Dazu kommt, dass unsere Winter milder als früher und zur Wurfzeit im März meist schon vorüber sind, sodass mehr Jungtiere überleben.

Mit der Zeit lernte ich das Sozialleben und die Verhaltensweisen dieser Tiere immer besser kennen. Wildschweine leben in sozial organisierten Gruppen. Innerhalb einer Rotte sind alle Tiere miteinander verwandt, und eine Bache ist immer das Alphatier. Außerdem werden männliche Tiere nur zur Paarung in der Rotte geduldet. Junge Keiler verlassen ihre Familie spätestens, wenn sie geschlechtsreif werden – ein wichtiges Regulativ der Natur zur Auffrischung des Genpools. Sie streifen dann über mehrere Monate allein durch die Lande und legen zum Teil weite Strecken zurück. Nur zur Paarung schließen sie sich für einige Zeit wieder einer Rotte an.

Meine Rotte

In meiner Anfangszeit als Tierfilmer wollte ich mehr über Wildschweine erfahren und beschloss, mich einer Rotte anzuschließen.

Wildschweine haben einen robusten Allesfressermagen und sind zugleich Gourmets. Speisekartoffeln, Mais, Hafer und Weizen stehen ganz oben auf ihrer Wunschliste.

Man kann natürlich nicht einfach zu Wildtieren marschieren und sagen: Hallo, hier bin ich. Bald aber fand ich eine Rotte, deren Leitbache recht vertraut mit Menschen schien. Vermutlich hatte ein Jäger oder ein Bauer sie als verlassenen Frischling im Wald gefunden und mit der Flasche großgezogen, bevor er sie wieder in die Freiheit entließ. Das kommt gar nicht so selten vor. Dazu kam, dass in dem Privatforst, in dem diese Leitbache mit ihrer Rotte lebte, nur selten gejagt wurde, sodass die Tiere ohnehin weniger zurückhaltend und auch sehr tagaktiv waren. Der Waldbesitzer richtete mir für mein Vorhaben eine etwa fünf Quadratkilometer große Ruhezone in seinem Wald ein, in der überhaupt nicht gejagt werden durfte. Optimale Voraussetzungen. Dennoch brauchte es einige Zeit, damit die Tiere sich an mich gewöhnen konnten.

Mehrmals die Woche fuhr ich zur selben Tageszeit in ihr Gebiet, trug immer dieselbe Kleidung und sprach stets in derselben Stimmlage, wenn ich mich den Tieren näherte. Jedes Mal hatte ich ein paar Leckerbissen dabei: Maiskörner, Kastanien, Eicheln, Äpfel, getrocknetes Brot oder Kartoffeln – das war ganz wichtig. Es dauerte etwa vier Monate, dann liefen die Wildschweine mir schon entgegen, sobald sie meinen VW Käfer mit seinem charakteristischen Geräusch hörten. Sie wussten: Jetzt gibt es was zu futtern. Die gesamte Rotte begegnete mir nun sehr entspannt, und einige Zeit später konnte ich sie im Wald begleiten.

Wildschweine haben eine simple, aber effiziente und ihren Lebensbedingungen angepasste Sprache aus unterschiedlichsten Lauten wie Grummeln, Quieken oder Schnauben mit zahlreichen Variationen in Abfolge und Tonlage. Im Laufe der Zeit lernte ich diese Sprache so gut, dass ich schließlich mit der Rotte kommunizieren konnte. Ein kurzes, tiefes Grollen zum

In wenigen Tagen kann eine Rotte Wildschweine ganze Felder verwüsten. Den dabei entstehenden Schaden müssen die Jäger den Landwirten bezahlen.

^
Ein ausgewachsener Keiler wird bis zu 150 Kilogramm schwer. Bachen sind deutlich kleiner.

<
Während der vier Jahre, in denen ich mit den Wildschweinen zusammenlebte, kam es nur zweimal zu aggressiven Handlungen.

Beispiel kann Aggression oder ein gewisses Unbehagen bedeuten, und eine bestimmte Art zu schnauben ist ein Signal für höchste Gefahr. Was mir besonders auffiel: Egal, wer das Gefahrensignal gab, und wenn es der kleinste Frischling war – ausnahmslos alle suchten dann sofort Deckung, versteckten sich in Büschen, in einer Fichtendeckung oder einem Buchengehölz. Hauptsache erst mal weg. Dazu muss man wissen, dass die Mitglieder einer Rotte einander an ihrer „Stimme“ erkennen, so wie Menschen auch. Nach einer gewissen Zeit schlug die Leitbache – immer noch unter Deckung – einen großen Bogen und prüfte mit ihrer feinen Nase, ob sie ebenfalls eine gefährliche Witterung wahrnahm. Falls ja, bestätigte sie das mit einem Schnauben.

Wirklich verrückt an meinem Verhältnis zu den Wildschweinen war: Wenn die Tiere beschlossen hatten, in ein Feld zu ziehen, um dort Kartoffeln, Rüben oder Getreide zu fressen, stand ich manchmal wie ein Komplize am Waldrand Schmiere. Und wenn ich etwas Verdächtiges entdeckte und das „Gefahr in Verzug“-Schnauben ausstieß, flüchtete die Rotte tatsächlich in den Wald. Für mich war das der größte Vertrauensbeweis: Meine Rotte verließ sich auf mich als Wächter und reagierte auf meine Warnlaute, als wäre ich einer von ihnen.

Über einen Zeitraum von insgesamt vier Jahren fuhr ich mehrmals pro Woche zu meinen Wildschweinen; längere Unterbrechungen gab es lediglich, wenn ich in Alaska unterwegs war, um dort Bären zu filmen. Anschließend musste ich allerdings jedes Mal meine Beziehung zu den Wildschweinen zwar nicht neu aufbauen, aber doch behutsam auffrischen.

Wildschweine sind sehr gute Schwimmer.
Zur Körperpflege und zur Abkühlung gehen sie
regelmäßig in Suhlen.

Treffen in der Paarungszeit zwei gleich starke Keiler aufeinander, kommt es zu heftigen Kämpfen. Mit ihren messerscharfen Zähnen versuchen sich die Rivalen gegenseitig aufzuschlitzen. Alte Keiler sind deshalb oft mit Narben übersät.

›
Die Paarung dauert sieben bis zwanzig Minuten. Mehrere Tage lang ist die Bache aufnahmebereit und wird vom Keiler wiederholt gedeckt.

Die Keilerattacke

Es war mein vierter Winter mit der Rotte, die Rauschzeit hatte gerade ihren Höhepunkt erreicht. Die Rauschzeit ist die spannendste Zeit des Jahres, denn ansonsten tut sich nicht so viel in einem Wildschweinleben. In Gruppen mit gesundem Sozialgefüge – Großmutter, Mutter, Tante und so weiter – wird in der Regel erst die Leitbache „rauschig". Eine Paarung dauert zwischen sieben und zwanzig Minuten. Dabei reitet der Keiler auf und verharrt dann völlig regungslos, während die Bache wie apathisch dasteht. Das passiert mehrmals täglich an vier bis fünf aufeinanderfolgenden Tagen. Danach lässt die Bache den Keiler nicht mehr an sich heran. Aber da sind ja noch ihre Töchter, vielleicht vier oder fünf, die er in den nächsten paar Tagen abwechselnd besteigt, und dann ihre Enkeltöchter ... Für einen Keiler bedeutet die Rauschzeit richtig schwere Arbeit. Nach zwei bis drei Wochen, wenn er die gesamte Rotte beglückt hat, wird er von der Leitbache vertrieben, sofern er nicht schon vorher das Interesse verliert und weiterzieht.

Zu meiner Rotte stieß in jenem Winter ein mächtiger Keiler, dem ich natürlich völlig fremd war. In 20 bis 30 Meter Entfernung lief er immer wieder an mir vorbei oder im Bogen um mich herum, schlug mit seinem Maul Schaum, ähnlich wie ein Bär, und klapperte mit seinem Gebiss. Ganz klar, ich war ihm ein Dorn im Auge. Manchmal ließ er ein tiefes, kehliges Bellen hören – das Zeichen allerhöchster sexueller Erregung. Das ging zwei, drei Tage so. In dieser Zeit kam es zu einem gewaltigen Kampf mit einem anderen Keiler, und mir gelangen außergewöhnliche Filmaufnahmen. Und dann kam der Tag, an dem ich am Boden kniete, um eine bestimmte Einstellung zu drehen. Wieder einmal lief der Keiler hinter mir entlang – um einen

Für die Geburt baut die Bache ein Nest aus trockenem Gras und Zweigen. Diese Frischlinge sind gerade eine halbe Stunde alt und werden zum ersten Mal gesäugt.

Bogen zu schlagen, dachte ich. Doch plötzlich rammte er mit solcher Wucht meine Schulter, dass ich ein paar Meter durch die Luft geschleudert wurde und mit einem dumpfen Schlag auf dem Rücken landete. In der nächsten Sekunde stand der Keiler über mir und schlitzte mit einem seiner Hauer meine rechte Wange auf. Instinktiv riss ich beide Arme schützend vor mein Gesicht, doch der Keiler setzte noch einmal nach und schlug seine Zähne mit einem einzigen Hieb durch die Ärmel meiner derben Armeejacke, des dicken Pullovers und des langärmeligen Unterhemds, als wären sie aus Papier. So unvermittelt, wie er den Angriff gestartet hatte, ließ er danach von mir ab und lief davon. Ich rappelte mich hoch und schaute erst einmal, ob meiner Filmkamera etwas passiert war. Ein Totalschaden, und meine gerade erst beginnende Karriere als Tierfilmer wäre beendet gewesen. Dann wankte ich benommen zu meinem Auto, wickelte mir das Verbandsmaterial aus dem Erste-Hilfe-Kasten um die Unterarme, klebte mir ein paar Pflaster, die natürlich alle nicht hielten, ins blutverschmierte Gesicht und gelangte irgendwie nach Hause.

Meine Frau fuhr mich sofort in unser Wald-und-Wiesen-Krankenhaus. Obwohl ich schon eine ganze Weile mit einer Ohnmacht kämpfte, bat ich sie, ein Foto von mir zu machen. Birgit konnte nicht fassen, dass ich jetzt ans Fotografieren dachte, und schimpfte fürchterlich drauflos. Aber dann hielt sie doch an und machte das einzige Bild, das von dieser Verletzung existiert. Erst im Krankenhaus, als man die Spritze für die örtliche Betäubung aufzog, wurde ich bewusstlos.

Ältere Bachen können bis zu zehn Frischlinge gebären. Mehr als die Hälfte erreicht das erste Lebensjahr nicht.

>
Wildschweine sind robust und anpassungsfähig – und daher in großen Teilen Europas, Asiens und Nordafrikas beheimatet. Je nach klimatischen Bedingungen ist ihr Borstenkleid sehr dicht oder nur gering ausgeprägt.

IM WILDEN WESTEN

Eifel und Pfalz

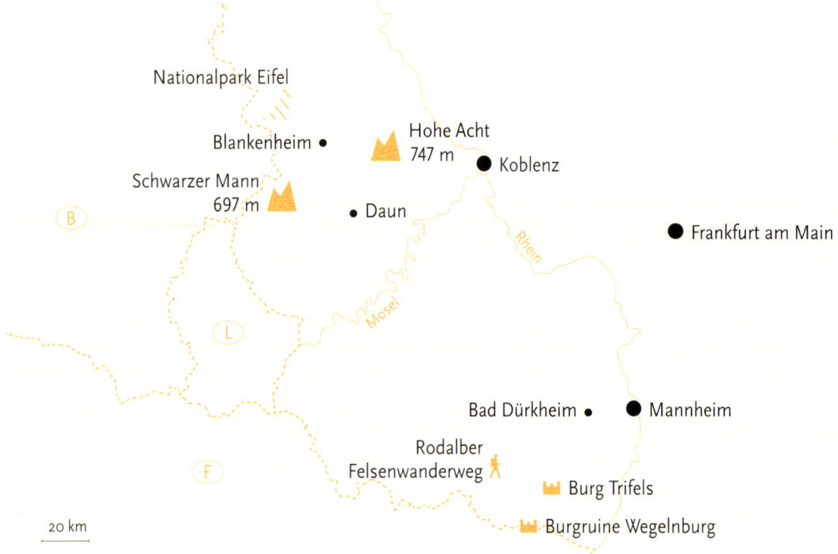

<<<
Das Schöne am Wandern ist: Man weiß nie, was einen hinter der nächsten Wegbiegung erwartet.

<<
Seit mehr als 30 Jahren brütet der Schwarzstorch wieder im Westen Deutschlands. Diese Nestlinge sind 35 bis 40 Tage alt.

<
Eine Wildwiese in der Hocheifel: Hier gedeihen verschiedene Orchideenarten, wilde Arnika und Margeriten.

BEI DER EIFEL denken die meisten Menschen zuerst an den legendären Nürburgring, erloschene Vulkankegel und die Maare, trichterförmige Vulkane, die heute oft mit Wasser gefüllt sind. Bei der Pfalz kommt vielen vielleicht der Speyrer Dom oder die Reichsburg Trifels in den Sinn, in der einst Richard Löwenherz gefangen gehalten wurde. Tatsächlich gibt es in beiden Mittelgebirgen viele Ruinen, Burgen, Schlösser und Klöster – obwohl besonders die Eifel immer dünn besiedelt war und die längste Zeit kaum Infrastruktur hatte. Doch Eifel und Pfalz haben weit mehr zu bieten als Bauwerke, so sehenswürdig die auch sein mögen. Man muss nur einmal im Frühsommer an den leuchtend gelb blühenden Ginsterbüschen im Nationalpark Eifel entlangwandern oder von einer der Sandsteinzinnen im Pfälzer Wald auf weitläufige Wälder hinabsehen, und wird verstehen, was ich meine: Die Naturlandschaften im äußersten Westen Deutschlands sind wilder, als man denkt.

Vielfältige Eifel

Zur Römerzeit war die Eifel wirtschaftlich bedeutend, da Bodenschätze abgebaut wurden und wichtige Handels- und Transportwege durch die Region führten. Nach der fast vollständigen Abholzung ihrer Wälder im 17. und 18. Jahrhundert bestand die Eifel jedoch größtenteils aus Wiesen, Heide- und Heckenlandschaft. Die wenigen kargen Ackerböden gaben kaum etwas her, und das raue Klima führte immer wieder zu Missernten und schweren Hungersnöten; das Land wurde immer ärmer und das Leben der Eifeler immer härter. In einer Denkschrift

Naturbelassene Bäche bilden die Nahrungsgrundlage für den Schwarzstorch. Aus ihren afrikanischen Winterquartieren kommend, treffen die ersten Vögel ab Ende März bei uns ein.

Von den Germanen als heiliger Vogel Odins verehrt, in christlicher Zeit wegen seiner Farbe als Unheilsbringer verunglimpft – der Schwarzstorch ist einer der scheuesten Waldbewohner Deutschlands.

des Landtagsabgeordneten Professor Dr. Braun von 1853 heißt es: «Man kann ohne Übertreibung sagen, dass zwei Dritteile der gesamten Bevölkerung nur einmal im Jahre Fleisch genießen. Alle Bauern sind verschuldet, in den großen Dörfern sind 4–5 und in den kleineren keiner ausgenommen.» Dass die Eifel heute wieder Wälder aufweist, ist einem Aufforstungsprogramm unter preußischer Herrschaft zu verdanken. Allerdings wurden Nadelbäume gepflanzt statt der ursprünglich heimischen Laubbäume. Der Name „Eifel" bedeutet, nach einem von mehreren Deutungsversuchen, die in ganz verschiedene Richtungen gehen, „von Eichen bewachsen".

Die geringe Bevölkerungsdichte und die „aufgebrochene" Landschaft sind andererseits ein Grund für die große Artenvielfalt bei Tieren und Pflanzen, weil eine Mischung aus Hecken, aus Laub-, Misch- und Fichtenwäldern und Wiesen abwechslungsreichere Lebensräume bildet als zum Beispiel eine reine Heidelandschaft wie die Lüneburger Heide oder eine große Fläche dunklen, geschlossenen Waldes wie der Schwarzwald. Hinzu kommen Sumpfgebiete, Moore und Felsformationen mit ihren Rückzugsmöglichkeiten. In der Eifel findet man daher viele Waldvögel, neben mehreren Spechtarten und Allerweltsvögeln wie dem Habicht auch Rotmilan, Baum- und Wanderfalke oder Wespenbussard, Eulenvögel wie Uhu, Steinkauz, Wald- und Sperlingskauz, nicht zu vergessen die seltenen Arten Schwarzstorch, Birkhuhn und Haselhuhn. Hier leben zudem Kleinsäuger wie die Gelbhals- oder die Rötelmaus, Amphibien, auch seltene Arten wie die Geburtshelfer- und die Wechselkröte, der Faden- und der Bergmolch, Reptilien, kleinere Beutegreifer wie Fuchs, Wiesel, Iltis, der gefährdete Baummarder, der Dachs und die seltene Wildkatze. Sogar der noch seltenere Luchs ist in der Eifel wieder heimisch. Weil sie so abwechslungsreich ist, ist die Eifel Heimat

Während der Brutzeit reagiert der Schwarzstorch empfindlich auf Störungen. Seine Nester benutzt er oft über einen langen Zeitraum. Über die Jahre können sie enorme Größen erreichen.

^ Der Schwarzstorch ernährt sich von Bachforellen, Mühlgroppen, Fluss- und Bachflohkrebsen, Köcherfliegen- und Steinfliegenlarven, Bachneunaugen, Ellritzen, Amphibien und Würmern.

> Größere Beutetiere zerkleinert er mit dem Schnabel und bringt sie im Kropf zum Verfüttern ans Nest.

vieler Huftiere, sowohl was die Zahlen als auch was die Arten angeht. Es gibt Rotwild – eines der größten Vorkommen in Deutschland überhaupt –, Muffelwild, Schwarzwild, Rehwild und in der Voreifel ansehnliche Bestände von Damwild.

Bei Pflanzen sieht es ähnlich aus. Die verschiedenen Böden aus Vulkan-, Kalk- und Schiefergestein bringen sehr unterschiedliche Pflanzenfamilien hervor. Auf den großen Magerwiesen gedeihen Arnika und Herbstzeitlose, der Kleine Klappertopf, Ginster und viele Orchideenarten, in den Sümpfen und Mooren Orchideen wie Fuchs-Fingerwurz oder das Gefleckte Knabenkraut und fleischfressende Pflanzen. Das Naturschutzgebiet Perlenbach-Fuhrtsbachtal und der Nationalpark Eifel sind zwei äußerst seltene Flecken in Deutschland, wo die bei uns streng geschützten Wildnarzissen wachsen. Im benachbarten Belgien hingegen kann man die hübschen gelben Blumen auf Wochenmärkten kaufen. Eine Wiese voller Wildnarzissen ist ein herrlicher Anblick und zieht Naturbegeisterte in Scharen an.

Da die Eifel auch klimatisch recht abwechslungsreich ist, finden sich oft relativ eng beieinander Arten, die eigentlich völlig unterschiedliche Lebensräume brauchen: Am Unterlauf der Ahr leben zum Beispiel Mauereidechsen, Schlingnattern und wärmeliebende Orchideen. 40 Kilometer entfernt, im Quellgebiet der Ahr, findet man häufig subarktische Pflanzenfamilien. Das ist ungewöhnlich. Diese große Biodiversität macht die Eifel für Naturliebhaber unglaublich interessant.

Das harte Leben in dem kargen Landstrich – „Preußisch Sibirien" und „Rheini-

›
In der Regel legen Schwarzstörche ihre Eier in zweitägigem Abstand. Nach der Ablage des zweiten Eis beginnen beide Eltern mit der Bebrütung. 33 bis 36 Tage später schlüpft dann das erste Junge.

Die erste in Deutschland nachgewiesene Felsenbrut von Schwarzstörchen in der Hocheifel. Die Nestlinge sind etwa 45 Tage alt.

Nur in Volltarnmontur und in Superzeitlupe bewege ich mich im Lebensraum der Schwarzstörche. Die meiste Zeit über filme und fotografiere ich allerdings aus dem Versteck heraus.

sches Irland" sind zwei bezeichnende Beinamen aus dem 19. Jahrhundert – prägte einen Menschenschlag, der introvertiert und, vor allem Fremden gegenüber, zurückhaltend und skeptisch ist. Man kann sagen: So karg die Eifel, so wortkarg der Eifeler. Ein Wanderer, der nach einer Auskunft fragt oder auch nur ein nettes Gespräch führen möchte, mag das als Unfreundlichkeit interpretieren, aber damit tut man den Eifelern unrecht.

Apropos wandern: Um besondere Aufnahmen von Wildtieren, aber auch von Pflanzen zu bekommen, laufe ich zwar viel querfeldein, wandere aber genauso gern auf den alten Prozessionswegen oder ausgewiesenen Wanderrouten. Die vielfältige Landschaft zieht seit Jahren immer mehr Touristen in die Eifel, weshalb es mittlerweile ein gutes Netz an Wanderwegen gibt. Sie führen wahlweise durch Wacholderheide und Loheichenhaine, über Wiesen und durch Schluchten, vorbei an Schieferklippen, entlang längst erkalteter Lavaströme und Vulkankegel, zu den Gerolsteiner Dolomiten, zu Burgen und Seen. Es gibt einen Wildnis-Trail, einen Vulkan- und einen Heckenweg, eine Moor- und eine Naturparkroute sowie Touren durch den noch jungen Nationalpark Eifel. Da ist für jeden Geschmack etwas dabei.

Waldreiche Pfalz

Wer von der Eifel in die Pfalz kommt – dazwischen liegt der Hunsrück, der der Eifel recht ähnlich ist –, wird feststellen, dass es dort viele große, geschlossene Waldgebiete gibt, in erster Linie Laubwälder mit Buchen, Eichen, Esskastanien, Bergahorn, Linden, Birken und vereinzelt sogar Ulmen. Tatsächlich ist gut ein Drittel der Pfalz vom Pfälzer Wald bedeckt, der mit knapp 1800 Quadratkilometern das größte zusammenhängende Waldgebiet Deutschlands und eines der größten zusammen-

Früher war das Haselhuhn in der Eifel ein Allerweltsvogel. Es bevorzugt artenreiche Niederwälder. Heute sieht man es nur noch selten, und vielerorts ist es ganz verschwunden.

hängenden Waldgebiete Europas ist. Die Pfalz ist im Unterschied zur Eifel geprägt von Sandstein. Für den Burgbau hatte das enorme Vorteile, da man Teile einer Burg *im* Fels anlegen konnte, was denn auch ganz typisch für Pfalzburgen ist. Außerdem konnte man das Material, das man aus dem weichen Gestein geschlagen hatte, für den weiteren Bau verwenden.

Auch hat die Pfalz ein deutlich milderes Klima, so mild, dass Auberginen, Zitronen und Feigen gedeihen und vor vielen Häusern Palmen in Pflanzkübeln stehen, die zum Teil sogar den Winter über im Freien bleiben. Kein Wunder, dass hier auch Wein gut wächst. Die Pfalz ist für mich mit Wanderungen durch endlos scheinende Weinberge verbunden, wobei Wein*garten* hier meist

›
Abertausende wildwachsende Narzissen blühen jedes Frühjahr im deutsch-belgischen Grenzgebiet in der Nordeifel.

der passendere Ausdruck ist, denn viele Rebzeilen erstrecken sich im Flachland. Die Pfalz ist nach Rheinhessen zwar nur das zweitgrößte Weinbaugebiet Deutschlands und macht gerade mal ein Fünftel der Fläche des Weinbaugebiets von Bordeaux aus, kann dafür in Bad Dürkheim aber mit dem größten Weinfass der Welt aufwarten: Es hat 13,5 Meter Durchmesser und 1,7 Millionen Liter Fassungsvermögen. Wobei man sagen muss, dass dieses Fass nie mit Wein gefüllt war – es war von vornherein nur dazu gedacht, dem pfälzischen Wein ein Denkmal zu setzen.

Das fast mediterrane Klima und die fruchtbaren Böden, die das Wirtschaften so viel leichter und einträglicher machen, brachten hier einen Menschenschlag hervor, der das Gegenteil dessen jenseits der Mosel ist: aufgeschlossen, herzlich, lustig. Als Wanderer wird man eigentlich überall in Deutschland freundlich empfangen, aber am offensten und herzlichsten in der Pfalz, so zumindest mein Eindruck nach unzähligen Wanderungen. Vielleicht liegt es auch daran, dass man sich hier schon mittags mal ein Schöppchen gönnt, was dem Eifeler nie einfallen würde – der trinkt abends vielleicht ein Pils und Wein allenfalls am Sonntag. Anders gesagt: Die Pfälzer haben die lockere französische Lebensart. Und das scheint ansteckend zu sein, denn so mancher übellaunige Wanderer, den ich zu Beginn seines Urlaubs in der Pfalz traf, war bei der nächsten Begegnung drei, vier Tage später auf wundersame Weise genauso freundlich wie die Pfälzer.

Die üppig vorhandene Nahrung, die ein Ergebnis des milden Klimas ist, kommt den Wildtieren zugute. Die Pfälzer Wildschweine etwa sind längst nicht so schmalbrüstig wie ihre Eifeler Verwandten, die sich, überspitzt gesagt, nur von ein paar Engerlingen, Waldbeeren, Pilzen und alle paar Jahre mal von einigen Bucheckern und

‹ Zwischen Anfang Februar und Ende März werfen die Rothirsche ihre Geweihstangen ab. Diese mineralhaltigen Knochen sind bei vielen Nagetieren im Wald sehr begehrt.

Eicheln ernähren. Pfälzer Wildschweine leben quasi im Schlaraffenland. Sie haben die Auswahl zwischen Esskastanien, Mais, Obst und Waldfrüchten und scheuen sich auch nicht, in Weinberge einzufallen und dort die Trauben von den Rebstöcken zu rupfen. Und da es mehr fruchttragende Eichen und Buchen gibt, ist außerdem das Angebot an Baumfrüchten deutlich größer. Das Schwarzwild hier ist aber nicht nur gut genährt, sondern – eine weitere Folge des überreichen Nahrungsangebots – vermehrt sich auch über die Maßen. Das führt dazu, dass manche Jagdreviere keinen Pächter mehr finden, weil der Schaden, den die vielen Wildschweine in den Weinbergen, den Maisfeldern oder Obstgärten anrichten und für den der Pächter aufkommen muss, immens ist. Sie zu jagen ist schwierig, weil sie in den wild zerklüfteten Tälern und dem reichlich vorhandenen Niederwald – dem natürlich nachwachsenden Wald – ideale Verstecke finden. Unter solch guten Lebensbedingungen gedeihen natürlich nicht nur Wildschweine, sondern alle Tiere und Pflanzen prächtig. Allerdings ist aufgrund des einheitlicheren Landschaftsbildes die Artenvielfalt in der Pfalz insgesamt deutlich geringer als in der Eifel.

Abgesehen von Burgen, Weinbergen und wohlgenährten Wildschweinen hat die Pfalz unzählige schöne Ausblicke zu bieten. Fast jeder Wanderweg hält welche bereit – und Wege zum Wandern gibt es in der Pfalz reichlich, unter anderem mehr als 60 Halbtages- und Tageswanderwege, neun Premium- und vier Weitwanderwege: etwa den „Busenberger Holzschuhpfad", an dem zehn Aussichtspunkte auf sieben Bergen einander abwechseln, und das auf gerade mal 24 Kilometer Länge; oder die „Pfälzer Hüttentour", die am spektakulären Orensfelsen vorbeiführt. Der ist zwar nur 564 Meter hoch, bietet aber einen phänomenalen Blick auf das gesamte Trifelsland und über die Rheinebene bis zum Schwarzwald.

› Fünf Monate später ist das Geweih nachgewachsen. Die nährstoffreiche Haut, die den Knochen umgibt, reiben sich die Hische an Büschen und Bäumen ab. Durch die Gerbsäure der Pflanzen färbt sich das fertig ausgebildete Geweih dunkel.

›
Ende September erreicht die Rothirschbrunft in Eifel und Pfalz ihren Höhepunkt. Mit ihrem Röhren melden die älteren Hirsche Rivalen gegenüber ihren Anspruch auf einen Brunftplatz oder auf paarungsbereite Weibchen an.

‹

Mit einem sogenannten Hirschruf imitiere ich in der Brunft die Stimme eines Nebenbuhlers. Neugierige oder kampfbereite Hirsche lassen sich mit dieser Methode provozieren und oft vor die Kamera locken. Zur Nachahmung ist das natürlich nicht zu empfehlen.

Schwarzstorch und Uhu

Als ich 1982 in die Eifel kam und mit einem alten Forstkollegen in einem großen Waldgebiet zwischen der Nord- und der Hocheifel unterwegs war, sah ich meinen ersten Schwarzstorch – und geriet völlig aus dem Häuschen. Ich war verblüfft von seiner Größe, seiner Schönheit und seinem Charisma, und je mehr ich über dieses Tier in den Jahren danach erfuhr, desto mehr faszinierte es mich. Der Schwarzstorch ist mit seinem je nach Lichteinfall in allen Regenbogenfarben schillernden schwarzen Gefieder, dem weißen Bauch, dem knallroten Schnabel und den ebenso roten Beinen ein wunderschönes Tier. Die Farben Schwarz und Rot sind vermutlich einer der Gründe, weshalb der Schwarzstorch im Unterschied zu seinem positiv besetzten weißen Verwandten, der im Volksglauben für Kindersegen stand, bis in die Neuzeit hinein als Künder von Unheil, Krankheit und Krieg galt.

Ein anderer Grund dürfte seine verborgene Lebensweise sein. Er lebt dermaßen zurückgezogen im Wald, dass viele Eifeler – und Pfälzer, denn auch in der Pfalz leben ein paar dieser majestätischen Vögel – gar nicht wissen, dass es ihn überhaupt gibt. Einen Uhu haben sie vielleicht auch noch nie gesehen, aber zumindest mal gehört.

Obwohl ich durch meine jahrzehntelange Erfahrung als Tierfilmer sehr gut im Auffinden von Tieren bin, ist es selbst für mich schwierig, einen Schwarzstorch oder gar seinen Horst zu entdecken. Wenn jemand zu mir sagt: Finde den Horst eines Roten Milans, dann setze ich mich auf einen hohen Berg, nehme mein Fernglas und beobachte Rote Milane. Nach ein, zwei Tagen weiß ich, wo er sein Nest hat, nämlich in der Nähe der Stelle, wo er immer in den Wald reinfliegt. Ganz anders beim Schwarzstorch. Falls man ihn überhaupt mal in der Luft entdeckt – was höchst selten der Fall ist, weil er meist nur im Tiefflug über

›

Während der mehr als drei Wochen dauernden Brunft findet ein Platzhirsch so gut wie keinen Schlaf, nimmt keine Nahrung zu sich, paart sich mit möglichst vielen Weibchen und muss kräftezehrende Kämpfe mit Nebenbuhlern ausfechten. Kein Wunder, dass er in dieser Zeit mehr als ein Viertel seines Körpergewichts verliert.

<

Kämpfe sind bei Rothirschen stark ritualisiert: Dazu gehören Röhren, Imponierschreiten, Bodenforkeln (das Bearbeiten des Bodens mit dem Geweih) und Harnspritzen. Geweihe älterer Hirsche haben eine Krone oder zumindest eine Gabelung an der Spitze. Sie verhindern, dass sich die Gegner mit den langen Geweihenden aufspießen.

›
Die Hohe Acht ist mit 747 Metern die höchste Erhebung der Eifel. In der Umgebung liegen viele verwitterte Basaltblöcke, die erkennen lassen, dass es sich um einen erloschenen Vulkan handelt. Die letzte große vulkanische Aktivität fand vor gerade einmal 13 000 Jahren in der Osteifel statt und führte zur Entstehung des Laacher Sees.

‹
Einige heimische Orchideenarten wie die Fliegen-Ragwurz imitieren mit ihrer Blüte Insekten und verströmen den Sexuallockstoff weiblicher Tiere. Das lockt männliche Käfer und Fliegen an, die sich mit der Blüte paaren wollen und sie dabei bestäuben.

Wiesen und Bäche gleitet, um nach Nahrung zu suchen – und beobachtet, wo er im Wald verschwindet, heißt das längst nicht, dass man seinen Horst findet. Denn um dessen Standort nicht preiszugeben, taucht der Schwarzstorch 500 bis 1000 Meter entfernt in den Wald ein. Einmal zwischen den Bäumen, nutzt er zwar spezielle Anflugschneisen, aber aufgrund seiner Größe und vor allem seiner Flügelspannweite von knapp zwei Metern streift er unweigerlich mal den ein oder anderen Zweig, was man an einem leisen Klatschen hören kann.

Die Hauptnahrung des Schwarzstorchs besteht überwiegend aus Tieren, die es in vielen Gebieten nicht mehr sehr häufig gibt, etwa Flusskrebse, Bachforellen, Groppen und Bachneunaugen sowie Frösche und Molche. In den letzten Jahren konnte ich an Schwarzstorchnestern bei der Futterübergabe beobachten, dass die Altvögel auch Bachflohkrebse, Grashüpfer, Libellen, Schnecken, kleine Reptilien und Mäuse verfüttern.

Uhus, die größten Eulenvögel, beschäftigen mich seit frühester Kindheit, und als junger Förster hatte ich sogar einen zahmen Uhu. Ursprünglich lebte der Uhu in reich strukturierten Landschaften. Nachdem man ihn jahrhundertelang als vermeintlichen Jagdkonkurrenten verfolgt hatte und die Umweltgifte ihm schwer zugesetzt hatten, war der Uhu in Deutschland nur noch in den Alpen und einigen Mittelgebirgen zu finden. Erst seit kurzer Zeit siedelt er auch wieder im Flachland. Zwar wird er schon lange nicht mehr gejagt, aber außer Gefahr ist er dennoch nicht. Viele Uhus finden nach wie vor an ungesicherten Mittelspannungsmasten den Tod, wo sie aufgrund ihrer Größe wie Adler, Reiher, Kraniche oder Störche beim Berühren spannungsführender Teile Erd- und Kurzschlüsse verursachen. Das führt zu einem tödlichen Stromschlag. Eigentlich sollten die gefährlichen Mittelspannungsmasten schon alle umgerüstet sein, doch die

^ Die Eltern dieses fünf Wochen alten Junguhus haben mehr Beute herangeschafft, als der Kleine fressen kann. Offensichtlich sind sie auf Großvögel spezialisiert, die sie nachts an deren Schlafplätzen überwältigen.

< Der Ornithologe Peter Berthold weist am Rupfplatz eines Uhupaares die unterschiedlichsten Beutetiere nach: neben Kleinnagern, Ratten, Igeln und Jungfüchsen auch die Federn von Turmfalke, Waldohreule, Rabenkrähe, Elster, Bussard, Waldkauz und Ringeltaube.

Umsetzung dieses Bundesnaturschutzgesetzes verläuft schleppend. Eine weitere große Gefahr ist der Straßenverkehr: Wenn ein Uhu die Straßen nach überfahrenen Tieren absucht, wird er leicht selbst zum Opfer. Das gilt generell für Eulen- und Greifvögel, aber auch für Füchse, Marder, Dachse.

Der Uhu ernährt sich vor allem von Kleinnagern aller Art – weshalb er sehr nützlich ist –, daneben von Kaninchen, Mardern, Wieseln, Iltissen bis hin zu Jungfüchsen. Er hat also ein breites Nahrungsspektrum. In der Pfalz und in der Nordeifel ernähren sich Uhus sogar oft von Ratten auf Mülldeponien. Diese fast einseitige Ernährung und die Tatsache, dass der Uhu hier so nah an menschlichen Siedlungen lebt, sind ein Beispiel dafür, dass viele Wildtiere anpassungsfähiger sind, als wir gemeinhin glauben. Die Tiere, die in abgelegenen Gebieten leben und als sehr scheu gelten, haben sich das ja im Übrigen nicht ausgesucht. *Wir* haben sie durch Nachstellen und Verfolgung verdrängt, sodass die Letzten ihrer Art nur noch in den menschenleeren Gebieten unseres Landes überleben konnten.

Lob des Rotwilds

In der Pfalz gibt es nur wenig Rotwild. Angesichts des üppigen Nahrungsangebots und des milden Klimas verwundert das zunächst, liegt aber an der starken Bejagung dort. Dafür hat die Eifel eine der höchsten Rotwilddichten Deutschlands. Wer schon mal im September in der Eifel wandern war, speziell in den Morgen- und Abendstunden, hat sicher Rothirsche

Uhus haben wie alle Eulenvögel asymmetrisch angeordnete Gehöreingänge und daher ein extrem gutes räumliches Hörvermögen. Ihre Pupillen können sie auf mehr als 20 Millimeter Durchmesser erweitern und so noch unter schlechtesten Lichtbedingungen Beutetiere anjagen.

Mit bis zu 1,70 Meter Spannweite ist der Uhu der größte Eulenvogel Europas. Durch gezielte Schutzmaßnahmen siedeln die Tiere wieder in allen für sie geeigneten Lebensräumen. In der Eifel brüten gegenwärtig 156 Uhupaare, deutschlandweit sind es etwa 1500.

Nach einer Zeltnacht bei heftigen Gewitterstürmen sind Cleo und ich froh, dass der neue Tag anbricht und wir weiterwandern können.

röhren gehört. Und wird erstaunt gewesen sein, wo überall sie zu hören sind, denn Rotwild, nach Elch und Wisent unsere größte Schalen- oder Huftierart, gibt es in der Eifel fast flächendeckend. Neben Schwarzstörchen, die man eben nur mit viel Glück zu Gesicht bekommt, sind Rothirsche wohl die charismatischsten Tiere, denen man als Wanderer begegnen kann, egal, ob es sich um ein Rudel Kahlwild, also um weibliche Tiere mit ihren Jungen, oder um sogenannte geweihte, also männliche Tiere handelt.

In vielen Regionen Deutschlands geht es dem Rotwild nach dem Motto „Wald vor Wild“ an den Kragen – ausgerechnet dem Tier, das in Deutschland wie kein zweites als Symbol für den Wald steht. Man

^

In der Dämmerung hatten wir völlig erschöpft diese Freifläche erreicht, und ich war froh, dass sie ausreichend Platz bot, um ein Zelt aufzubauen.

>

Eifel und Pfalz sind reich an Burgruinen. Viele von ihnen waren aber keine Dauerwohnsitze von Adelsfamilien, sondern wurden als Fluchtburgen genutzt oder um Wegzoll zu kassieren.

argumentiert, die Hirsche würden viel Schaden anrichten und der Wald sei wichtig für den Klimaschutz. Dabei vergisst man, dass unser Wald nicht nur aus Wirtschaftsbäumen besteht – allen voran aus Rotbuche, die in der Tat als „Klimabaum“ gut geeignet ist, weil sie sehr viel Sauerstoff produziert –, sondern auch aus Bäumen, die wirtschaftlich nicht oder kaum genutzt werden, wie Eberesche, Holunder oder Weide. Und gerade diese sind die bevorzugte Strauchnahrung des Rotwilds. Eigentlich ist das Rotwild ein Steppen- und Buschtier, das am liebsten Gräser frisst. Trotzdem darf in der Jagdzeit, die für Rotwild immerhin von Juni bis Ende Januar dauert, in manchen Bundesländern jedes Stück geschossen werden, und es ist dramatisch, wie sehr das Rotwild aus seinen angestammten Gebieten verdrängt wird. Ich halte „Wald vor Wild“ für sehr bedenklich. Natürlich sind vor allem die Mischwälder für das Klima enorm wichtig, aber der Wald ist in erster Linie ein Lebensraum für Tiere und Pflanzen. Das dürfen wir nicht vergessen. Zu diesem Lebensraum gehören seit Urzeiten der Rothirsch, der Waldhase und das Reh. Diese Tiere haben schon immer im Wald gelebt und sich vom Niederwald ernährt. In meinen Augen sucht man jetzt nur Sündenböcke – während man zulässt, dass zum Beispiel weiter riesige Mengen an Gülle und damit sehr viel Ammoniak auf die Felder gesprüht werden. Das ist dem Klima sicher nicht zuträglich. Rotwild hat keine so gute Lobby wie der Landwirt, das ist letztlich der Punkt.

Rotwild bildet als sozial organisierte Wildart Gruppen, sei es eine Kleinstfamilie, bestehend aus Alttier, Schmaltier (Jährling)

<

Mauereidechsen profitieren vom milden Klima in der Pfalz und von den vielen Insekten. Deshalb sieht man sie hier häufig.

>

Einen Fels erklimmen, klettern, wieder Junge sein – in Pfalz und Eifel ist das an vielen Orten möglich. Die Belohnung: unglaubliche Panoramablicke auf endlos scheinende Wälder.

und Kalb, oder ein Rudel mit 25, 30 oder 35 Tieren. Bei größeren Gruppen kommt es natürlich zu Schäl- und Verbissschäden, aber wenn man dem Rotwild keine geeigneten Lebensräume wie Wälder mit Weichhölzern oder Flächen mit Gras und Kräutern mehr zur Verfügung stellt, hat es gar keine andere Wahl, als an Nutzholzbäumen zu fressen. Ich will nicht sagen, dass man die Rotwildbestände in ihrer Zahl nicht reduzieren darf, solche Bestandsregulierungen hat es schon immer gegeben, und sie sind durchaus sinnvoll. Den in manchen Bundesländern amtlich angeordneten Vernichtungsfeldzug in Landesforsten hingegen, wie er momentan beispielsweise in Bayern stattfindet, sehe ich aber mit großer Besorgnis. Ebenso problematisch sind Tendenzen, Rotwild nur noch in Reservaten zu dulden, seien es große Truppenübungsplätze, Nationalparks oder Privatforste. Solche Maßnahmen werden dazu führen, dass unsere Kinder Rothirsche nur noch in Nationalparks, in Gehegen von Wildparks oder Zoos zu Gesicht bekommen. Ich mag mir das gar nicht vorstellen. Wenn man durch den Wald geht, sieht man wunderschöne Dinge: üppiges Grün, eine Lichtung voller Blumen, einen Molch oder einen Feuersalamander an einem Bach; man hört Vögel zwitschern, vielleicht huscht ein Eichhörnchen vorbei. Und wenn man in dieser freien Natur einmal einen Rothirsch gesehen oder seinen Brunftschrei gehört hat, ist das ein so außergewöhnliches Erlebnis, dass man es so schnell nicht vergisst! Gerade in der Eifel kann man solche Momente immer noch erleben.

Morgenstimmung auf der Ruine Wegelnburg, direkt an der deutsch-französischen Grenze. So malerisch kann der wilde Westen sein.

EIN DEUTSCHER WANDERSOMMER

Von Bayern bis zur Ostsee

<<<
1400 Kilometer lang war die deutsch-deutsche Grenze. Nur noch an wenigen Stellen stehen Reste der Grenzbefestigungen.

<<
In der Rhön wandern wir durch blühenden Raps. Im Hintergrund sieht man das Fichtelgebirge.

<
An heißen Wandertagen machen Cleo und ich an fast jeder Viehtränke halt.

IM JAHR 2009 beschloss ich, eine große Wanderung zu unternehmen, die auch eine Reise in meine Vergangenheit werden sollte. Mit Cleo wanderte ich vom Anfang der ehemaligen innerdeutschen Grenze im Dreiländereck von Böhmen, Bayern und Sachsen bis zu ihrem Ende an der Ostsee. Heute erstreckt sich das größte Naturschutzgebiet Deutschlands, das Grüne Band, entlang des alten Grenzverlaufs. Es ist zwar nicht sehr breit – mitunter nur 100 bis 200 Meter, an die sich vielleicht noch Biosphärenreservate oder große Naturschutzgebiete anschließen –, aber dafür 1400 Kilometer lang. Für uns moderne Menschen, die Entfernungen in der Regel in Auto- oder Flugstunden berechnen, klingt das nicht nach sehr viel, doch wenn man sich vorstellt, von Hamburg nach Monaco oder von München nach Barcelona zu wandern, fühlt sich das ganz anders an. Und eine solche Strecke zu Fuß zurückzulegen ist an sich schon ein Abenteuer.

Der Reiz des Grünen Bandes

Im engeren Sinn ist das Grüne Band der einstige „Todesstreifen". Im Westen schloss sich das „Zonenrandgebiet" an, ein grässliches Wort, und im Osten das bis zu fünf Kilometer breite „Sperrgebiet". Etwa 10 000 als politisch unzuverlässig eingeschätzte Bewohner wurden 1952 im Zuge der „Aktion Ungeziefer" – nicht etwa ein Schimpfwort, sondern, man mag es kaum glauben, die offizielle Bezeichnung – aus dem Sperrgebiet tiefer in die DDR umgesiedelt, 1961 weitere 2000 in der „Aktion Festigung". Wer in das Sperrgebiet wollte, brauchte einen Passierschein und musste penible

<
An Bächen im Frankenwald finden wir unzählige Schalen von Flussperlmuscheln. Diese Muscheln stellen höchste Ansprüche an die Wasserqualität. Heute sind sie in Deutschland vom Aussterben bedroht.

Kontrollen durchlaufen – selbst wenn er dort wohnte. Das machte diese Grenzregion nicht gerade zu einem bevorzugten Siedlungsgebiet, obwohl es landschaftlich reizvoll ist. Entlang der Grenze wurde zudem, wenn überhaupt, eine extensive Forst- und Landwirtschaft betrieben. Man verwendete kaum Insektizide, Herbizide oder andere Gifte. Das kam speziell Insekten, insektenfressenden Vögeln und den Tieren zugute, die wiederum von diesen Vögeln leben, aber auch solchen, die viel Ruhe brauchen wie die Wildkatze oder der Baummarder. Sie fanden dort ideale Lebensbedingungen, und so hat sich entlang der früheren Grenze in weiten Teilen eine Tier- und Pflanzenwelt erhalten, die in anderen Regionen ums Überleben kämpfen muss oder schon nicht mehr existiert.

Das Grüne Band besitzt viele Reize. Gerade im Vergleich zu meinen Reisen an fernere Orte wird mir das bewusst. Wenn ich zum Beispiel sieben Wochen durch Alaska oder Nordkanada wandere, was ich schon öfter getan habe, erlebe ich natürlich vieles, was mich fasziniert: Ich begegne Bären und Elchen, vielleicht sogar Wölfen, kann Lachse angeln und viel Wald- und Tundraeinsamkeit genießen. Wenn ich allerdings Pech habe, ist die ganze Zeit mieses Wetter, und ich sehe nur ein, zwei Karibus. Die Landschaft ist grandios, ohne Zweifel, doch sie bietet bei Weitem nicht so viel Abwechslung auf so relativ engem Raum wie die in Deutschland. Auch gibt es bei uns und generell in Mitteleuropa aufgrund des günstigen Klimas eine ungeheure Artenvielfalt. Und durch seine lange Geschichte ist Deutschland reich an Kulturdenkmälern – das sollte man nicht vergessen.

Das Grüne Band durchläuft oder streift so verschiedene Naturräume wie den Frankenwald, den Thüringer Wald, die Rhön, den Hainich, das Eichsfeld, den Harz, den Drömling, das Elbe-Urstromtal, den Schaalsee und die Ostseeküste. Das liest sich

Etwa 20 000 Hunde taten an der innerdeutschen Grenze Dienst. Ein scheußliches Hundeleben – und nach dem Mauerfall hatte man keine Verwendung mehr für sie.

Genau durch das thüringisch-bayrische Dorf Mödlareuth verlief die Grenze und damit auch die Grenzbefestigung. Heute sind Teile des Dorfes ein bedrückendes Freilichtmuseum.

Die Alliierten nannten Mödlareuth auch „Little Berlin“.

Hammer, Zirkel und Ährenkranz – 40 Jahre lang existierte der Arbeiter- und Bauernstaat.

wie ein Katalog für Naturstudienreisen. Dazu kommen Sehenswürdigkeiten wie die Wartburg, die Rhumequelle, der Brocken oder die Einhornhöhle sowie Orte, die während der Teilung von politischer Brisanz waren, zum Beispiel Mödlareuth und „Point Alpha“. Das alles liegt praktischerweise auf einer vorgegebenen Route, man kommt also unweigerlich daran vorbei. Durchwandert man das Grüne Band vom Anfang bis zum Ende, bekommt man einen hervorragenden Eindruck von Deutschlands Landschaften, seiner Kultur, seinen Menschen, Tieren und Pflanzen.

Ein Reiz lag für mich auch darin, über weite Strecken das Alleinsein genießen zu können, und das, obwohl Deutschland eines der am dichtesten besiedelten Länder ist. So etwas wie Waldeinsamkeit gibt es natürlich nur insofern, als dass man abseits der Zivilisation mit ihren Geräuschen, Gerüchen und Anforderungen ist, denn einsam oder gar allein ist man im Wald ja nie. Irgendein Wildschwein, Marder, Waldhase oder Vogel ist immer in der Nähe.

Schon bei der Planung war klar: Viel bummeln durften Cleo und ich nicht, denn 1400 Kilometer, verteilt auf die sieben Wochen, die uns zur Verfügung standen, abzüglich einiger Ruhetage, weil man sich ja auch erholen muss oder Abstecher in die nähere Umgebung machen will, bedeuten zwischen 35 und 40 Kilometer pro Tag. Bei einem Durchschnittstempo von fünf Kilometern pro Stunde ergibt das eine reine Wanderzeit von sieben, acht Stunden je Tag. Ich würde mit der Kameraausrüstung um die 30 Kilogramm Gepäck im Rucksack haben, was mich fast an dem Vorhaben zweifeln ließ. Für Cleo und mich war aber

<
Blick auf den historischen Ortskern von Hirschberg. Zwischen der Saale und den Häusern verliefen die Grenzbefestigungen. Heute erkennt man nur noch den Kolonnenweg.

nicht allein die Ostsee, sondern vielmehr der Weg das Ziel. Wir wollten die Umgebung erkunden und beobachten: Tiere, Pflanzen, Trittsiegel, einen Dachsbau, die Fische in einem Bach, das rege Leben auf einer Magerwiese, schöne Lichtspiele im Wald, geologische Formationen und Höhlen sowie historische Orte, und wir hofften natürlich – eine wichtige Motivation für die lange Wanderung – auf schräge Begegnungen und interessante Gespräche mit unterschiedlichsten Menschen.

Bei mir kam die Frage dazu, wie ich als „gelernter DDR-Bürger" und DDR-Flüchtling mit dieser Wanderung entlang der ehemaligen innerdeutschen Grenze umgehen würde, die mich ständig in Form von Mahnmalen, Fragmenten und Resten der Grenzanlagen sowie Begegnungen mit Betroffenen an die Vergangenheit erinnern würde. Was würde das in mir auslösen? Für mich war diese Wanderung nicht nur eine physische Herausforderung, sondern auch emotional ein großes Abenteuer. Tatsächlich gab es dann bewegende, aufwühlende und bedrückende Momente. Doch wie jeder Wanderer weiß, setzt das Wandern Endorphine frei, und die meiste Zeit war ich gut drauf, selbst bei Dauerregen. Als Cleo und ich die Ostsee erreichten, wäre ich am liebsten weitergelaufen, weil ich mich in diesen sieben Wochen so gut gefühlt hatte.

Durch Auen und Wälder

Gleich nach unserem Aufbruch im Frankenwald verblüffte mich, wie viel unberührte Natur man hier erlebt, während die ehemalige Grenze nicht so allgegenwärtig ist, wie ich dachte. Meist erinnert nur der überwachsene Kolonnenweg daran. Selten stößt man am Grünen Band auf Relikte der Grenze, was verständlich wird, sobald man mit ein paar Menschen gesprochen hat, die hier leben. Sie hatten jahrzehntelang Zäune, Selbstschussanlagen, Wachtürme

<
Cleo und ich lassen uns einfach treiben, und ich korrigiere das Boot nur hin und wieder mit einigen Paddelschlägen. Während der Fahrt auf dem Oberlauf der Saale begegnen wir vielen Tieren.

und Bunker direkt vor der Nase gehabt und waren heilfroh, als sie sie abreißen konnten. In Mödlareuth, wo man die Grenzbefestigung zunächst ebenfalls ab- und später in einem Freilichtmuseum nachgebaut hat, sieht man das menschenverachtende Bollwerk das erste und auch das einzige Mal in all seiner Drastik. Hier, wo die Grenze mitten durch den Ort verlief und praktisch von einem Tag auf den anderen Familien und Freundschaften zerriss, werden einem die Perversion des DDR-Systems und die Absurdität des Kalten Krieges plastisch vor Augen geführt.

Es war bedrückend. Doch schon ein paar Kilometer weiter ging mir das Herz

<
Schlechtwetterfronten mit heftigen Sturmböen sind aus der Ferne ein grandioses Naturschauspiel. Leider erleben wir solche Momente in den ersten Wochen unserer Wanderung allzu oft.

Begegnung in der Morgenstunde. Die Försterin lädt uns spontan zum Frühstück ein.

Zur Kaffeezeit darf sogar der zahme Wildschweinkeiler Einstein mit in die Küche.

wieder auf, als ich dem Oberlauf der Saale durch ein wildromantisches Tal nach Hirschberg folgte, einem Ort, der inmitten von Feldern und Wiesen vor sich hin träumt. In einer kuriosen Apotheke, die zugleich Poststelle ist und auch Kräuterschnäpse, Duftkerzen und alles Mögliche im Angebot hat, trafen Cleo und ich auf „Karpfen-Klaus". Er ist, wie der Name vermuten lässt, ein Angler mit Leib und Seele. Wir kamen schnell ins Gespräch und fachsimpelten eine Weile. Schließlich lud Karpfen-Klaus mich ein, am nächsten Tag mit ihm angeln zu gehen. Zwar hatte ich meinen Jahresfischereischein und eine kleine Teleskop-Angelrute dabei, brauchte aber noch eine Angel-Tageskarte. Auch die konnte man natürlich in der Apotheke kaufen! Ich glaube, das ist einmalig in Deutschland. Jedenfalls führte Karpfen-Klaus mich am nächsten Tag zu ein paar seiner Lieblingsstellen, und schon bei meinem zweiten Wurf zog ich einen Hecht aus der Saale.

Für das nächste Stück unseres Weges nahmen Cleo und ich ein Luftboot und paddelten durch die Saaleauen im Thüringer Wald. Es war zwar nicht ganz einfach, Cleo, die noch nie Boot gefahren war, in so ein Gefährt zu bekommen, doch wir wurden für die Mühe reich belohnt. Auf beiden Seiten des Flusses zog eine bezaubernde Landschaft an uns vorüber. Wir sahen Wasseramseln und Eisvögel, Enten und Graureiher, Kolkraben und Mäusebussarde. Einmal schwamm sogar ein Bisam an uns vorbei.

Nach ein paar Kilometern ging es wieder zu Fuß weiter. Seit unserem Aufbruch regnete oder nieselte es, und wenn nicht, war es wolkenverhangen. An einem der nächsten Morgen zeigte sich zwar nicht die Sonne, aber ein Lichtblick: Cleo und ich begegneten einer Försterin, die uns zum Frühstücken zu sich nach Hause einlud. Abgesehen davon, dass Cleo und ich uns nach mehreren Nächten in einem kalten, klammen Zelt auf eine warme, trockene

›
Im Wald ist man nie allein. Immer gibt es Augen, Ohren und Nasen, die den Wanderer wahrnehmen.

‹
Das Rotwildkalb ist noch keine Stunde alt, seine Mutter muss ganz in der Nähe sein.

Stube freuten, war Grit auch ein schöner Anblick. Wir nahmen die Einladung gern an, zumal uns Grit gerade erzählt hatte, dass sie auf ihrem Hof einen zahmen Keiler namens Einstein halte. Zahme Bachen hatte ich schon erlebt, aber noch nie einen zahmen Keiler. Einstein war ein gewaltiges Exemplar, der größte Keiler, den ich je gesehen habe, und wahrlich respekteinflößend. Grit hatte ihn als zwei Wochen alten Frischling bekommen und mit der Flasche großgezogen. Jetzt ließ sie ihn aus dem Stall. Sofort stieg ihm Cleos Geruch in die Nase, und er biss mir erst mal ins Knie. Cleo hatte ich am Zaun angebunden. Ich war daher ganz froh, als Grit ihn schließlich wieder in seinen Stall sperrte, nachdem er auf ein Stück Kuchen mit in die Küche gedurft hatte. Währenddessen war Grits Mann Hans zu uns gestoßen, auch ein Förster.

Bald hatte sich ein gewisser Wanderalltag eingestellt. Zelt abbauen, frühstücken, marschieren, Zelt aufbauen, essen, schlafen. Ab und an fanden Cleo und ich auch Unterkunft in einer Pension. Wir hatten unser ideales Wandertempo gefunden, und ich merkte auch, dass wir beide fitter und kräftiger als zu Beginn waren.

Wir ließen den Thüringer Wald hinter uns und kamen in die Rhön. Mischwälder, Hochmoore, Weiden und Wiesen bestimmten nun das Landschaftsbild. An den naturbelassenen Magerwiesen der Rhön konnte ich mich kaum sattsehen, auch wenn zu dieser Jahreszeit nur wenige Pflanzen ihre Blütenpracht zeigten. Ihr süßer Duft und unterschiedlichste Wildkräuter zogen dennoch bereits eine Unmenge an Insekten und Vögeln an. Auf viele Dinge wurde ich erst durch Cleo aufmerksam, die hier ein Nest, dort ein totes Tier oder ein Junges entdeckte, dessen Mutter wohl gerade auf der Jagd war. Cleo kann sich sehr gut konzentrieren und filtert daher auch viele schwache Gerüche heraus – das ist eine Besonderheit ihrer Rasse. Sie ist ein Han-

›
Die meisten Hirschkälber kommen zwischen Ende Mai und Mitte Juni zur Welt. Etwa vier Monate lang werden sie von ihrer Mutter gesäugt. Weibliche Kälber bleiben ein Leben lang in ihrem Rudel, das immer von einer erfahrenen Hirschkuh angeführt wird.

^

In der Rhön sind wie fast überall in Deutschland die Kreuzottern rar geworden.

<

Torsten Kirchner ist Feldbiologe im Biosphärenreservat Rhön. Nach zwei Tagen Wandern im Dauerregen fällt uns das Lachen im Schwarzen Moor nicht mehr ganz so leicht.

noverscher Schweißhund, eine der seltensten Hunderassen überhaupt. Cleo war es auch, die Torsten beziehungsweise seinen Hund entdeckte. Als ich eine Herde Heidschnucken ausmachte, hatte ich Cleo sich ablegen lassen, damit sie die scheuen Schafe nicht verschreckte, und als ich später zu ihr zurückkam, saß da ein zweiter Schweißhund. So machten wir die Bekanntschaft von Torsten Kirchner, Feldbiologe und Birkhuhnspezialist. Ein Glückstreffer, denn das bedrohte Birkwild habe ich bislang selten zu Gesicht bekommen – leider, denn die Hähne haben ein herrliches Gefieder, und der Balzgesang ist für mich einer der schönsten überhaupt.

Am nächsten Morgen führte Torsten mich zu einem Balzplatz. Zwar erschienen zwei Hähne und einige Hennen, aber es tat sich recht wenig, da die Balzzeit fast schon vorbei war. Zur Entschädigung nahm Torsten mich mit zum Schwarzen Moor – mein Höhepunkt während der Rhön-Etappe! Das Schwarze Moor hat, wie mir Torsten erzählte, mehr Flarken (Risse in der Moorvegetation) als jedes andere in Mitteleuropa, und sein größtes Moorauge (eine auch Kolk genannte Vertiefung) ist fast 500 Quadratmeter groß. Moore sind ein Lebensraum für seltene Tier- und Pflanzenarten wie Kreuzotter, Zwergschnepfe, Mosaikjungfer und fleischfressende Pflanzen, beispielsweise Sonnentau, Wasserschlauch und Fettkraut. Zu einem ganz besonderen Erlebnis machte es der Nebel, in dem die wenigen, meist verkrüppelten Bäume wie Skelette aussahen. Ich fühlte mich in einen Edgar-Wallace-Film versetzt, und mir fiel ein, dass früher in Mooren Hinrichtungen und unterschiedlichste, zum Teil gruselige Opfer- und

Torstens Brackenrüde Pit hätte gern eine Affäre mit Cleo angefangen.

>
Das Rhönschaf war fast ausgestorben. Das scheue Tier gilt als eine der ältesten Nutztierrassen Deutschlands.

^ „Point Alpha“ in der Rhön. Im Ernstfall erwartete die Nato hier einen massiven Angriff durch russische Panzer.

< Bundeswehrappell am „Point Alpha“. «Hat er gedient?», fragt mich der Feldwebel in scharfem Ton. Nach dem langen Regen haben Cleo und ich einfach gute Laune.

Kulthandlungen stattfanden. Es war also schaurig-schön.

„Point Alpha“, heute Mahn- und Gedenkstätte, ist der zweite Punkt, an dem ich mit aller Macht mit der ehemaligen Grenze konfrontiert wurde. „Point Alpha“ lag mitten in der „Fuldaer Lücke“, einer Schneise, wo eine Invasion der Sowjettruppen am wahrscheinlichsten war. Von hier aus wäre innerhalb von zwei Tagen einer der wichtigsten Standorte des US-Militärs erreichbar gewesen, und wer das Frankfurter Becken kontrollierte, hatte den Sieg schon fast in der Tasche. Ich setzte mich ins Gras und versuchte mir vorzustellen, wie Deutschland, wie die Welt heute aussehen würde, wenn damals tatsächlich wie befürchtet Tausende sowjetischer Panzer Richtung Frankfurt gerollt wären und die Nato mit Atombomben, bakteriologischen und chemischen Waffen darauf reagiert hätte. Wir haben damals großes Glück gehabt.

Auch die nächste „Sehenswürdigkeit“ auf unserer Wanderung wurde nicht von der Natur, sondern vom Menschen geschaffen: das „Land der weißen Berge“ im Tal der Werra bei Heringen. Diese eher grauen als weißen Berge bestehen zu 96 Prozent aus Natriumchlorid, also Salz, das als Abraum bei der Gewinnung von Kaliumchlorid zurückbleibt. Der Kaliabbau hat die Region reich gemacht, aber es gibt auch eine Kehrseite: die Versalzung des Bodens und der Gewässer der Umgebung. Natürlich wurde schon immer Salz aus den Lagerstätten ausgewaschen, doch seit im Zuge des industriellen Kaliabbaus die „weißen Berge“ aufgeschüttet werden, schwemmt jeder Regen, der stark genug ist, die verkrustete obere Schicht des Abraums

> „Stoi“, ein Stoppschild für russische Angreifer mit dazu passender Panzersperre – für eine russische Armee eher was zur Dekoration.

СТОЙ

Im Land der weißen Berge: Der „Kalimandscharo“ besteht aus ungefähr 150 Millionen Tonnen Abraumsalz, das aus den ansässigen Kalibergwerken stammt. Nach starken Regengüssen ist der Salzgehalt der Werra manchmal enorm hoch.

Blick vom „Kalimandscharo" Richtung Philippstal. Die Oberfläche des Salzbergs ist so hart wie Beton. Die Berge dürfen eine Höhe von 530 Metern über dem Meeresspiegel nicht überschreiten.

aufzulösen, zusätzlich Salz in die Werra und über Wiesen und Felder – eine ökologische Zeitbombe. Und dennoch konnte ich mich der Faszination dieser Berge, die je nach Lichteinfall tatsächlich weiß und in der Abendsonne rötlich orange leuchten, nicht entziehen. Sie bieten einfach einen tollen Anblick, aus der Ferne sehen sie wie riesige Zuckerhüte aus, und wenn man auf einem von ihnen steht, dem „Kalimandscharo" zum Beispiel, genießt man einen fantastischen Rundumblick. Nach Süden hin blickten wir zurück auf die Wasserkuppe, und im Norden glaubte ich schon den Harz mit dem Brocken sehen zu können.

Romantik und Mystik

Schon seit Beginn der Wanderung freute ich mich auf die Wartburg, nun ragte sie endlich vor uns auf. Ich mag die Wartburg auch deshalb sehr, weil ich mit ihr wunderbare Kindheitserinnerungen verbinde, beispielsweise meinen ersten Eselsritt, als ich fünf Jahre alt war. Sie ist nicht nur eine der schönsten Höhenburgen und eine der geschichtsträchtigsten Burgen Deutschlands – die heiliggesprochene Elisabeth von Thüringen lebte hier, und Luther übersetzte auf der Wartburg das Neue Testament ins Deutsche –, sie liegt auch noch traumhaft schön auf einem 400 Meter hohen Felsplateau. Von der Wartburg hat man einen herrlichen Blick auf den umliegenden Mischwald mit seinen wilden Schluchten und Klammen, den sonderbaren Felsformationen und der Elfengrotte.

Nach „Point Alpha", dem „Kalimandscharo", der Wartburg und einem Abstecher in meine Geburtsstadt Gotha sehnten Cleo und ich uns wieder nach der Natur. Und die erlebten wir im Hainich reichlich – mehr als Cleo anfangs lieb war. Der Bärlauch, der hier auf riesigen Flächen wild wächst, blühte gerade, und der knoblauchähnliche Duft stach ihr, die wie jeder Hund Knoblauch

<
Sonnenuntergang auf dem „Kalimandscharo". Die Idylle trügt. Für die Umwelt sind diese Salzberge eine große Belastung, und täglich kommen 20 000 Tonnen Abraum dazu.

Mit der Wartburg verbinde ich viele schöne Kindheitserinnerungen. Cleo interessiert sich mehr für die Elisabethtauben, die hier gezüchtet werden.

^ Neun Jahrhunderte lang haben Baumeister und Handwerker an der Wartburg gearbeitet.

> Ein Gang über die Wartburg weckt Fantasien, und eine Zeitreise beginnt.

nicht ausstehen kann, unangenehm in die Nase. Sobald sie sich aber daran gewöhnt hatte, fand auch sie es toll, durch diesen riesigen Buchenwald zu laufen. Im Hainich, dem größten zusammenhängenden Laubwaldgebiet Deutschlands, darf zwar gejagt werden, doch es wird keine Forstwirtschaft betrieben. So bleiben zum Beispiel umgefallene Bäume liegen und bereichern so als Unterschlupf und Nahrung für Insekten und anderes Kleingetier das Ökosystem. Dank seiner Größe und seines Strukturreichtums leben im Hainich seltene Tiere wie Wildkatze, Schwarzstorch oder Baummarder; hübsche Orchideen wie das Gefleckte Knabenkraut und der Breitblättrige Stendelwurz gedeihen hier. Da der Hainich weder mit imposanten Felsen, schönen Seen, engen Schluchten oder Ähnlichem aufwarten kann, ist er für viele Menschen uninteressant, und gerade das macht ihn für Naturliebhaber zu einem echten Geheimtipp. Im Hainich trifft man äußerst selten auf Menschen und findet jene von mir so geschätzte Waldeinsamkeit.

Mit der Ankunft im Eichsfeld hatten wir die Hälfte unseres Weges geschafft. Dieser Landstrich ist in vielerlei Hinsicht etwas Besonderes. Die Landschaft ist atemberaubend schön, wie von der Hand eines Malers aus der Romantik entworfen, und es gibt eine unglaubliche Artenvielfalt, wenn auch eher an Kleinsäugetieren, Vögeln, Amphibien, Reptilien und Insekten. Nicht nur einen der sehr seltenen und fast schon einmal ausgestorbenen Wanderfalken sahen wir – das erste Mal, dass ich überhaupt einen wild lebenden Wanderfalken in Deutschland sah –, Cleo entdeckte auch eine „Stasi-Röhre“. Bis zu diesem Zeit-

<
Frauenschuhblüten in den Hörselbergen. Der Frauenschuh ist die größte heimische Orchideenart.

punkt hatte ich die Dinger für ein Märchen gehalten. Gerüchten zufolge, die während meiner Kindheit in der DDR umgingen, schleuste die Stasi durch die im Durchmesser etwa einen Meter großen Betonröhren Agenten nach Westdeutschland. Aber es gab sie wirklich!

Eine weitere Besonderheit: Das Eichsfeld ist eine katholische Enklave in ansonsten protestantischem Gebiet, und der Glaube scheint hier noch fest verwurzelt, denn als Cleo und ich an Fronleichnam dort ankamen, sahen wir überall Prozessionen. Dies ist auch deshalb erstaunlich, weil die innerdeutsche Grenze mitten durch das Eichsfeld verlief und in der DDR das Kommunistische Manifest den Platz der Bibel einnahm. Das bekamen nicht zuletzt die Franziskaner auf dem Hülfensberg, einem bedeutenden Wallfahrtsort, zu spüren. Aufgrund des politischen Drucks, unter dem Gläubige im Osten Deutschlands standen, nahmen die Mitgliederzahlen der Kirchen drastisch ab, Wallfahrtskirche und Kloster lagen zudem im DDR-Sperrgebiet, sodass jeder, der dorthin wollte, einen Passierschein brauchte. Heute leben in dem Kloster gerade einmal vier Franziskaner. Einer von ihnen, Bruder Rolf, bot Cleo und mir an, uns durch die Anlage zu führen und uns die Wallfahrtskirche zu zeigen – was mich überraschte, denn ich konnte mich noch gut daran erinnern, wie Cleo und ich des Kölner Doms verwiesen wurden. Hunde seien im Gotteshaus nicht erwünscht, hieß es. Bruder Rolf war ein höchst angenehmer Gesprächspartner, gebildet, humorvoll, gläubig, aber auch weltoffen, und er strahlte eine Zufriedenheit aus, wie man sie selten findet. Cleo und mir fiel es schwer, uns von ihm zu verabschieden, und ich denke noch heute oft an diesen charismatischen Mann.

Ich blickte auf die erste Hälfte unseres Weges zurück und stellte fest, dass diese Wanderung quer durch Deutschland noch

Schon aus großer Entfernung kann der Wanderer die Bärlauchblüte im Hainich erschnuppern: Im Frühjahr durchströmt Knoblauchgeruch den größten zusammenhängenden Laubwald Deutschlands.

Durch solche Tunnel wurden Agenten in den Westen geschleust, daher der Name „Stasi-Röhre“. Ihre Lage war streng geheim. Heute finden Füchse und Dachse darin Schutz.

Bruder Rolf aus dem Franziskanerkloster Hülfensberg im Eichsfeld. Franziskaner sind Tieren gegenüber aufgeschlossen – und so durfte auch Cleo mit in die Kapelle.

mehr Interessantes, Verblüffendes und Berührendes bot, als ich ohnehin erwartet hatte: sei es die Artenvielfalt, seien es die Schönheit und der Abwechslungsreichtum der Landschaft oder die Begegnungen mit Menschen, manche davon einzigartig, manche eigenartig. Seit Cleo und ich losgewandert waren, hatte ich mich nicht nur auf die Wartburg, sondern auch auf den Harz gefreut. Zum einen wiederum, weil ich schöne Kindheitserinnerungen an diese Region hatte, in der ich mehrere Ferien verbringen durfte, und zum anderen, weil der Harz so sagen- und geheimnisumwoben ist wie keine andere Region Deutschlands. Da gibt es die Rhumequelle, die drittgrößte Süßwasserquelle Europas, die schon in der Jungsteinzeit Opfer- und Kultstätte war. Es gibt unzählige Höhlen, zum Beispiel die Einhornhöhle, in der zwar kein Einhorn, aber Knochen von Höhlenbären, Riesenhirschen und anderen urzeitlichen Tieren entdeckt wurden – sogar von Hyänen! Und dann natürlich den Brocken, wo sich zur Walpurgisnacht bis heute Hexen treffen und wo das Brockengespenst jahrhundertelang Wanderer in Angst und Schrecken versetzte. Heute weiß man, dass das Gespenst einem optischen Effekt zu verdanken ist, doch man kann sich gut vorstellen, welches Grauen die Menschen früher packte, wenn sich im Nebel plötzlich ein mehrere Meter großer Mensch oder ein riesenhaftes Tier abzeichnete – und das auch noch dreidimensional.

Natürlich bestiegen Cleo und ich den Brocken, das ist für jeden Harzbesucher ein Muss. Selbst wenn sich der Berg in Nebel hüllt, und das tut er an mehr als 300 Tagen im Jahr, marschieren etliche Tausend Wanderer zum Gipfel empor. Wir aber hatten schönstes Wetter. Cleo und ich legten gerade eine Verschnaufpause ein, als ein älterer Herr in derart flottem Tempo anmarschiert kam, dass ich es mir nicht verkneifen konnte, ihn darauf anzusprechen.

Deutsche Mittelgebirgsromantik wie aus dem Bilderbuch: der Blick vom Falkenstein ins Werratal.

Bis zu 8000 Wanderer täglich besuchen den Brocken in Spitzenzeiten. Wem der Aufstieg zu beschwerlich ist, der kann mit der historischen Brockenbahn fast bis zum Gipfel fahren.

Beinahe 7000 Mal hat der über 80-jährige „Brocken-Benno“ den deutschesten aller deutschen Berge inzwischen bestiegen.

Irritiert fragte er mich, ob ich denn nicht wisse, wer er sei, und drückte mir eine Visitenkarte in die Hand. „Brocken-Benno“ stand da. Das sagte mir leider nichts. Also klärte er mich auf: Seit Dezember 1989 wandert Benno Schmidt, so sein richtiger Name, fast täglich und manchmal sogar zweimal am Tag auf den Brocken. Seit mehr als 20 Jahren rauf und runter. Als Cleo und ich ihn trafen, war er knapp unter der 6000er-Marke, Ende 2012 schon kurz vor der 7000er. Dazu sollte man wissen, dass Brocken-Benno im Mai 2012 seinen 80. Geburtstag feierte. Hut ab! Und ich dachte immer, *ich* sei fit.

Der Harz steht aber nicht nur für Mystik, Sagen und seltsame Rekorde, sondern ist auch ein Symbol für das Wiedererstarken der Natur. Im Harz gibt es einen Nationalpark, drei Naturparks und ein Biosphärenreservat. Eines der herausragenden Naturschutzprojekte hier ist die Wiederansiedlung von Luchsen. Als Nahrungskonkurrent zum Menschen war die größte Katzenart und das viertgrößte Raubtier Europas in fast ganz Mitteleuropa ausgerottet worden: um 1850 in Deutschland, 50 Jahre später in der Schweiz, weitere 20 Jahre danach in Österreich.

Da wir nicht nur den Luchs, sondern auch andere größere Beutegreifer wie den Wolf und den Bär nicht mehr dulden wollten, haben die meisten Menschen in Mitteleuropa in den letzen 170 Jahren ein angespanntes Verhältnis zu diesen Tieren entwickelt. Sie sind uns fremd geworden. Mit neu erwachtem Naturverständnis erkannte man aber irgendwann, dass es sinnvoll wäre, den Luchs bei seiner Rückkehr nach Deutschland zu unterstützen – der

‹

Der Luchs ist die größte europäische Wildkatze. Er ist Lauer- und Pirschjäger. Sein Beutespektrum reicht von der Waldmaus bis zur Hirschkuh.

ein oder andere war aus der Schweiz und Frankreich bereits zugewandert. Seit April 2000 gibt es das „Luchsprojekt Harz“: Gehegenachzuchten aus europäischen Wildparks werden zunächst in einem Auswilderungsgehege im Nationalpark an die neue Umgebung gewöhnt und schließlich, mit Sendehalsbändern versehen, in die Freiheit entlassen. Das Projekt ist so erfolgreich – schon seit 2002 gibt es nachweislich wildgeborene Jungluchse –, dass man vielleicht schon bald auf weitere Auswilderungen verzichten kann.

Obwohl der Luchs ein relativ großes Raubtier ist und mit seinen kräftigen Zähnen und Pranken sogar Hirschkühe schlagen kann, wird seine Rückkehr nach Deutschland kaum kontrovers diskutiert. Eine Katze, und mag sie auch 70 Zentimeter Schulterhöhe erreichen, weckt weitaus weniger Vorbehalte als Wölfe oder ein Bär namens Bruno, wenn sie in unsere Wälder zurückkehren.

Hinein ins Flachland

Nach dem Harz wird es recht unvermittelt flach. Die nächsten Tage sahen Cleo und ich nicht viel mehr als Felder und Wiesen. Schließlich gelangten wir ins „Land der tausend Gräben“, den Drömling. Die etwa 340 Quadratkilometer große Senke, in der sich im Lauf von Jahrhunderten ein riesiges Niederungsmoor mit einem Bruchwald gebildet hatte – „Bruch“ ist das mittelhochdeutsche Wort für „Sumpf“ –, diente in früheren Kriegszeiten als Zufluchtsort und blieb ansonsten sich selbst überlassen. Das änderte sich im 18. Jahrhundert, als Friedrich der Große das Sumpfgebiet trockenlegen ließ, um Ackerland zu gewinnen. Seither ist das Niedermoor kreuz und quer von Gräben und Kanälen durchzogen. Vor etlichen Jahren begann man wieder in die andere Richtung zu denken und erklärte den Drömling zum Naturschutzgebiet. Es dürfen zwar weiterhin Teile unter Maß-

›

Jungluchse im Alter von acht bis neun Wochen. Etwa ein halbes Jahr lang werden sie von der Mutter versorgt, dann müssen sie sich ein eigenes Revier suchen. Seit 2000 gibt es wieder Luchse im Harz.

>
Die Norddeutsche Tiefebene hat ihren eigenen Charme. Es duftet nach reifenden Feldfrüchten, Hasen hoppeln am Wegesrand, Feldlerchen singen. Hund und Mensch fühlen sich wie befreit und im Einklang mit der Natur.

<
Patchworkfamilie: Diese Hirschkuh kam als verwaistes Rotwildkalb zu den Konik-Pferden. Seit mehreren Jahren ist die Gruppe unzertrennlich.

gabe des Naturschutzes landwirtschaftlich genutzt werden, und es darf auch gejagt werden, dennoch ist der Drömling mit seinen feuchten Wiesen und vielen Wasserflächen ein wertvolles Rückzugsgebiet für bedrohte Tierarten, zum Beispiel Fischotter, Biber, Kreuz- und Knoblauchkröte, Rotmilan und Großer Brachvogel sowie für seltene Pflanzen wie den Lungenenzian.

Nach dem Drömling wurde es waldreicher, und ich war wieder fasziniert, wie abwechslungsreich die deutsche Landschaft ist. Vorbei an Lüchow-Dannenberg, dem Landkreis, in dem ich einen Teil meiner Ausbildung zum Revierjäger gemacht hatte, ging es auf den Arendsee zu. Benannt ist der See angeblich nach einem Müller namens Arend. Dessen Mühle versank in den Fluten, heißt es, als der unter dem See liegende Salzstock einbrach, nachdem er über Jahrtausende aufgeweicht worden war. Endlich hatte ich Gelegenheit, mir diesen Arendsee anzusehen, von dessen Schönheit ich in meiner Kindheit so oft gehört hatte. Zwar lag der Arendsee auf DDR-Seite, war aber tabu – sofern man nicht Parteibonze, Stasi-Mitarbeiter oder sonst irgendwie privilegiert war.

Nachdem das Wetter in den ersten Wochen durchwachsen, die meiste Zeit über sogar richtig mies war, schien nun seit Tagen die Sonne. Cleo und ich wanderten das verblüffend schöne Elbe-Urstromtal entlang, genossen den Duft der Wiesen und die Wärme, kühlten uns ab und zu in der Elbe ab und ließen uns danach für eine Weile die Sonne auf den Bauch scheinen. Die Gelassenheit des träge dahinfließenden Stroms, die Beschaulichkeit der Dörfer und Gehöfte hinterm Deich, die Ruhe, die über allem lag, übertrugen sich auf mich, und ich war so entspannt wie lange nicht mehr. Vollkommene Entschleunigung.

Das Tüpfelchen auf dem i, was die Schönheit des Elbe-Urstromtals anbelangt, ist Rüterberg. Der kleine Ort liegt malerisch

Rotwild ist gesellig und fühlt sich nur im Rudel wohl. Einsamkeit können die Tiere nur schwer ertragen.

Fast täglich begegneten Cleo und mir Wildschweine, meist in den Morgen- oder Abendstunden. Die borstigen Gesellen kommen in Deutschland mittlerweile fast flächendeckend vor.

auf einer Anhöhe mit weitem Blick über die Elbe, auf das ebene Niedersachsen zur einen und das wellige Mecklenburg-Vorpommern zur anderen Seite. Daneben nimmt Rüterberg auf der Skala der „Grenz-Kuriositäten" den ersten Platz ein. Seit 1952 war es durch einen Zaun am Ufer von Westdeutschland getrennt. Da sich aber der Westen und der Osten nicht einig werden konnten, wo die Grenze verlief – der Westen behauptete: am Ostufer der Elbe, der Osten beharrte: in der Mitte des Flusses –, und Rüterberg an einem Knick der Elbe liegt, daher von drei Seiten von Feindesland umgeben war, ging die DDR lieber auf Nummer sicher und riegelte das Stück Land, das in den Strom hineinragte, mit einem zweiten Zaun ab. So war Rüterberg von Zäunen umschlossen. Die Dorfbewohner, die keine Lust hatten, wie Tiere in einem Käfig zu leben, durften wegziehen. Diejenigen, die ausharrten, bezahlten einen hohen Preis: Sie durften keinen Besuch erhalten und konnten ihr „Gehege" nur mit Passierschein zwischen fünf Uhr morgens und elf Uhr abends verlassen und wieder betreten. Eine Situation, die fast noch absurder war als in Mödlareuth.

Am „Checkpoint Harry" bei Boizenburg trafen Cleo und ich unseren Freund Markus Lanz, der uns ein Stück begleiten würde. Dieser Checkpoint war zu DDR-Zeiten ein Kontrollpunkt der Volkspolizei, an dem Personen unter die Lupe genommen wurden, die in das Sperrgebiet reisen wollten. Nach Öffnung der Grenze blieb das Gebäude zunächst ungenutzt, bis der jetzige Besitzer Harry Strelow auf die Idee kam, dort einen Imbiss zu eröffnen, den er in Anlehnung an „Checkpoint Charly" in Berlin „Checkpoint Harry" nannte. Hier gibt es die beste Currywurst Deutschlands, wie ich finde. Die Strecke von dort zum Schaalsee führte durch eine eher reizlose Landschaft. Das Schönste war das Licht am späten Nachmittag, als der von riesigen Mähdreschern

Um 1900 bürgerte man Mufflons in Deutschland ein. Seitdem fühlen sich die aus Korsika und Sardinien stammenden Wildschafe bei uns ausgesprochen wohl.

<
Sommer am großen Strom. Tagelang folgen wir dem Lauf der Elbe, die zum Baden einlädt.

aufgewirbelte feine Staub vor der tief stehenden Sonne tanzte und die Getreidefelder in goldenes Licht gehüllt wurden.

Am Schaalsee, dem tiefsten Klarwassersee in Norddeutschland, gingen uns die Augen über. Seine Größe von 24 Quadratkilometern versteckt er hinter Inseln und Halbinseln, die die Wasserfläche unterteilen, und einer zerklüfteten Uferlinie, die unzählige Buchten bildet, sodass man sich auf den ersten Blick an einem verwunschenen kleinen Waldsee wähnt. Die Westseite wurde schon 1960 zusammen mit dem Ratzeburger und etlichen kleinen Seen zum Naturpark Lauenburgische Seen erklärt. Die Ostseite war wegen der hermetisch abgeriegelten Grenze ungewollt Naturschutzgebiet, weshalb sich die Natur rund um das Gewässer ungehindert entwickeln konnte. Heute liegt der Schalsee in einem Schutzgebiet mit dem Status Unesco-Biosphärenreservat und ist Heimat etlicher Seeadlerbrutpaare.

Mit dem jungen Fischer Jan fuhren wir auf den See, in der Hoffnung auf spektakuläre Aufnahmen von Seeadlern. Wir entdeckten zwar welche, doch sie beäugten uns nur aus großer Entfernung. Markus und ich waren ihnen fremd. (Auch zwei Jahre später, als ich wieder auf Seeadlerpirsch ging, brauchte ich mehrere Wochen, um die entscheidenden Aufnahmen zu bekommen. Die Adler mussten sich schlicht an das neue Gesicht gewöhnen.) Mit dabei war Jans Kumpel Horst. In dem jungen Jan mit seinem glatten Gesicht würde man nie einen Fischer vermuten, während Horst aussieht wie ein Fischer aus dem Bilderbuch, obwohl er eigentlich keiner ist und Jan nur zur Hand geht. Das erfuhren wir erst, nachdem Markus einige Porträtaufnahmen des charismatischen, vermeintlichen Fischergesichts gemacht hatte. Horst, „immer zugang“, wie man hier sagt, lebt nicht immer im Einklang mit der Natur, weiß aber viel darüber, speziell über die am Schaalsee.

Kein Motorsportboot, kein Flussschiff – lediglich der breite Strom, Buhnen und Auenwälder. An der Elbe kann man vielerorts wunderbar entspannen.

CHECKPOINT HARRY
Party-Service • Restaurant

›
Markus Lanz fotografiert aus Leidenschaft und ist dabei richtig gut. Zwei Tage lang begleitete er uns auf der Wanderung durch den Norden.

‹
Männertreff am „Checkpoint Harry". Hier gibt es die beste Currywurst. Markus hatte Cleo das letzte Mal als Welpen gesehen.

Endspurt zur Ostsee

Als Cleo und ich, nun wieder allein, weiterwanderten, erfuhr ich mehr über die DDR-Vergangenheit dieser Region. Die innerdeutsche Grenze verlief teilweise mitten durch den See. Etliche Republikflüchtlinge glaubten, dass deshalb die Grenze hier nicht so stark bewacht würde und eine Flucht gelingen könnte, zumal es bis Anfang der 70er-Jahre im See keinen Zaun gab. Ein tragischer, ein tödlicher Irrtum. Immer wieder erzählten mir Anwohner von Menschen, die bei dem Versuch, ans Westufer zu schwimmen oder über den zugefrorenen See zu laufen, ertranken oder von den Grenzern aufgegriffen wurden. Angeblich gab es hier, von Berlin mal abgesehen, die meisten Toten und Festnahmen. Als ich diese Erzählungen hörte, kam mir meine eigene Flucht aus der DDR wieder in den Sinn. Auch ich hatte damals die Überlegung angestellt, dass da, wo ein breites Gewässer die Grenze bildete, die besten Chancen bestünden. Über die innerdeutsche Grenze zu fliehen erschien mir jedoch von vornherein als zum Scheitern verurteilt, da man sich schon verdächtig machte, wenn man nur in Richtung Westdeutschland unterwegs war. Meine Wahl fiel schließlich auf eine Stelle, wo die Donau die Grenze zwischen dem „Bruderstaat" Tschechoslowakei und Österreich bildete. Für die Ausreise in die Tschechoslowakei brauchte man nur eine Art Freizügigkeitsbescheinigung.

Kurz vor meinem 17. Geburtstag machte ich mich auf den Weg. In der Tschechoslowakei angekommen, versteckte ich mich drei Tage lang nahe Bratislava an einem Berghang oberhalb der Donau und kund-

‹ Horst ist einer der fünf Fischer vom Schaalsee. In seinem vorigen Leben war er Maurer.

schaftete die Grenze aus: Wie viele Zäune lagen zwischen der Straße im Tal und dem Fluss, wie oft patrouillierten die Grenzsoldaten? Hatten sie Hunde dabei? Die Schulung und das Training in der paramilitärischen Jugendorganisation „Gesellschaft für Sport und Technik" und die harte Ausbildung zum Fallschirmjäger machten sich jetzt bezahlt: Ich war körperlich fit, im Nahkampf ausgebildet und hatte unter anderem gelernt, wie man einen Stacheldrahtzaun überwindet. Und auch, dass man selbst dann noch eine Chance hat, wenn man entdeckt worden ist.

Dann, in der Nacht vom 16. auf den 17. Oktober 1976, wagte ich es. Ich kam unbemerkt über die Straße, kletterte über den ersten Zaun und eine große Stacheldrahtrolle – und lief gegen einen Alarmdraht, den ich vom Berghang aus nicht gesehen hatte. In der nächsten Sekunde stiegen Leuchtkugeln auf. Das Licht mehrerer Schweinwerfer strich über die Grenzanlage. Stimmen riefen. Ich kletterte über den zweiten Zaun, den dritten Zaun und verfing mich im Stacheldraht, als das morsche Holz der Pfosten nachgab und der Zaun umstürzte. Irgendwie kämpfte ich mich frei, rannte die letzten Meter zum Fluss und schwamm los. Dann hörte ich Schüsse. Ziellos zunächst, doch bald klatschten einige Kugeln unmittelbar vor und neben mir ins Wasser. Plötzlich ein dumpfer, harter Schlag auf den Rücken, und in meinem Körper baute sich eine gewaltige Druckwelle auf. Ich war getroffen und vom Nabel abwärts wie gelähmt. Wie sich später herausstellte, hatte ich einen Steckschuss knapp neben der Wirbelsäule abbekommen. Nur mit den Armen

› Stinte, Plötzen, Brassen, Aalquappen, Karauschen und Rotfedern. Bei Horst finden auch minderwertige Weißfische Verwendung.

ELKA
ELKA

Oft wandern wir kilometerlang durch romantische, menschenleere Alleen. Eine von Cleos Stärken: Sie hat immer gute Laune, und wenn ich müde bin, will sie noch weiter und zieht mich mit.

Milchkaffee und Schokoladenkuchen mit Nora Jahns: Die starke Frau aus Ostpreußen erzählt mir am Schaalsee ihre Lebensgeschichte.

schwamm ich nun um mein Leben. Auf österreichischer Seite robbte ich ans Ufer und verkroch mich im Schilf. Wo blieben denn nur die österreichischen Grenzer? Die mussten doch die Schüsse hören! Auf einmal hörte ich Stimmen. Tschechisch! Die Tschechen waren mir mit ihrem Patrouillenboot ans österreichische Ufer gefolgt! Als das Boot endlich wieder ablegte und die Stimmen verklungen waren, schleppte ich mich auf meinen Armen die etwa eineinhalb Kilometer nach Wolfsthal, wo ich völlig erschöpft mitten auf der Straße liegen blieb. Ich hatte es geschafft, ich war frei! Und ich hatte großes Glück gehabt.

In Techin, einem hübschen kleinen Ort am Ostufer, entdeckten Cleo und ich einen wunderschönen Hof. Auf dem Grundstück direkt am See stand unter einem prächtigen alten Nussbaum eine Hollywoodschaukel, wenige Meter neben einer verwitterten Scheune weideten gemächlich ein paar Pommersche Landschafe. Unzählige Blumen und Obstbäume rundeten die Idylle ab. Noch mehr als ihr verwunschener Garten tat es mir Nora Jahns an. Während wir bei Kaffee und Kuchen den kühlenden Schatten genossen, erzählte sie mir aus ihrem Leben. Frau Jahns' Familie, die aus Trakehnen in Nordwestrussland stammte, machte sich erst 1946, nach der sogenannten Großen Flucht, auf den Weg nach Westen. Ihre Mutter starb noch während der Flucht nach mehreren Vergewaltigungen. Frau Jahns selbst kam bis zum Schaalsee, wo sie ihrem späteren Mann zuliebe blieb, obwohl hier damals an allem Mangel herrschte, außer an Armut und Hunger. In den ersten Nachkriegsjahren und sogar auch noch nach dem Bau der Mauer fuhren sie und ihr Mann zum Einkaufen mit dem Boot über den See in die britische Besatzungszone, was zwar verboten war, aber trotzdem fast jeder tat. Als zu Beginn der 70er-Jahre auch an den Ufer-

›
Bei den Nandus brütet nur der Hahn. Er ist auch ganz allein für die Aufzucht der Jungen verantwortlich.

abschnitten, an denen die Grenze mitten im See lag, wie bei Techin, ein Zaun errichtet wurde, war es damit vorbei. Auch an eine Abkühlung im See an heißen Sommertagen war nicht mehr zu denken. Man stelle sich vor, man schuftet den ganzen Tag bei größter Hitze auf dem Feld, hat einen wunderschönen See direkt vor der Nase, und darf nicht hinein. Frau Jahns beantwortete meine Frage nach dieser absurden Situation mit einem Schulterzucken und meinte, sie und ihr Mann seien dann mit den beiden Töchtern halt an die Ostsee gefahren. Was mich an Frau Jahns bis heute schwer beeindruckt, ist, dass sie nach ihrem schweren Leben kein böses Wort über die Umstände verliert und keine Verbitterung verspürt. Seither habe ich sie weitere zwei Mal besucht. Bei einer dieser Gelegenheiten brachte ich mein Buch „Ein deutscher Wandersommer" mit. Wir saßen wieder in ihrem Garten bei Kaffee und Kuchen, die Sonne schien, Cleo döste, und ich las Frau Jahns „ihr" Kapitel daraus vor. Ich wünsche mir, dass ich ihr auch aus diesem Buch werde vorlesen können.

Vom Schaalsee führte unser Weg an unzähligen hübschen Seen vorbei, die wie Perlen auf einer Kette aufgereiht waren. Cleo und ich waren mittlerweile voller Vorfreude auf die Ostsee, bekamen allerdings auf Höhe von Ratzeburg einen gewaltigen Dämpfer. Auf einem Stoppelfeld sahen wir Nandus. Ich hatte kurz zuvor gehört, dass hier einige dieser riesigen Laufvögel frei leben. Sie werden inklusive ihres langen Halses bis zu 1,70 Meter groß und stammen ursprünglich aus Argentinien, viel mehr wusste ich über sie nicht. Wäre mir klar gewesen, wie wehrhaft diese Tiere sind, welch gefährliche Waffe ihre kräftigen Beine mit der messerscharfen Mittelkralle sein können und vor allem, dass Nandus keinen Spaß verstehen, wäre ich vorsichtiger gewesen. So aber bestaunten wir neugierig diese Exoten, und ich ahnte nichts Böses, als Cleo

‹
Am Ostufer des Ratzeburger Sees haben sich Nandus angesiedelt, südamerikanische Laufvögel. Dort bilden sie mittlerweile eine stabile Population.

Cleos schwarzer Tag: Auf einem Acker in Mecklenburg wird meine beste Freundin von einem wild gewordenen Nandu attackiert.

^ Ich laufe Cleo entgegen, um ihr zu helfen. Dabei mache ich diese Bilder.

> Trotz meiner Nähe und meiner Rufe hört der Nandu nicht auf, Cleo zu jagen. Erst als wir gemeinsam gegen ihn vorgehen, zieht er sich zurück.

sich eines der Küken etwas näher ansehen wollte. Sie lief ruhig und ganz offensichtlich nicht in Jagdabsicht auf das Jungtier zu. Sofort ging der Vater zum Angriff über – bei Nandus sind allein die Männchen fürs Brüten und für die Aufzucht des Nachwuchses zuständig. Ein Scheinangriff, dachte ich, und begann zu fotografieren. Doch dem Nandu stand nicht der Sinn danach, erst einmal zu warnen, was üblich gewesen wäre. Stattdessen versetzte er Cleo einen Tritt, sodass sie durch die Luft flog. Cleo verstand und trat sofort die Flucht an. Damit wäre es normalerweise gut gewesen. Nicht so bei Nandus – die ticken irgendwie anders, denn der Vogel verfolgte Cleo, holte sie ein und schleuderte sie ein weiteres Mal in die Höhe. Ich hatte inzwischen eine Heidenangst um meinen Hund, schrie aus Leibeskräften nach Cleo, fuchtelte mit den Armen, um sie auf mich aufmerksam zu machen, und lief ihr entgegen. Als Cleo mich endlich bemerkte, spurtete sie auf mich zu und ging hinter mir in Deckung. Im nächsten Moment sprang der Nandu wie ein Berserker vor mir herum, riss dann plötzlich beide Beine hoch und trat nach mir. Erst nach einigen weiteren Angriffen ließ er endlich ab und trollte sich zurück zu seinen Küken. So etwas hatte ich noch nie erlebt. Das hätte ganz böse enden können, aber wir kamen noch einmal davon – Cleo mit einer Beule und ich mit einer zerrissenen Hose.

Die meisten eingewanderten oder eingeschleppten Arten, ob Pflanze (Neophyt) oder Tier (Neozoon), können sich in dem für sie neuen Umfeld deshalb so gut behaupten, weil sie sehr dominant sind. Das führt dazu, dass sie manche endemische

<
Gratuliere, Cleo! Nach sieben Wochen und 1400 Kilometern erreichen wir den Ostseestrand. Hinter uns liegt die eindrücklichste Wanderung, die ich je in Deutschland gemacht habe.

>
Wir sind am Ziel, die Kraniche ziehen weiter. Ab Ende August setzt ihr Zug ein. Es sind überwiegend Vögel, die in Norddeutschland, im südlichen Schweden, in Polen und im Baltikum gebrütet haben.

Art aus ihrem angestammten Lebensraum verdrängen, der Nandu unter anderem den Kranich. Mit seinem enormen Aggressionspotenzial ist der Nandu aber nicht nur eine Gefahr für einheimische Tierarten, sondern auch für Menschen, denn wie leicht kann ein Landwirt oder Wanderer, vielleicht sogar unabsichtlich, einem dieser Vögel zu nahe kommen. Was dann passieren kann, haben Cleo und ich am eigenen Leib erfahren.

Wir waren einerseits schockiert, andererseits erleichtert, dass nichts Schlimmeres passiert war, und so traten Cleo und ich den Endspurt an. Kurz vor der Ostsee hatte die innerdeutsche Grenze wieder einen merkwürdigen Verlauf genommen: Sie führte genau über die Engstelle, an der die Halbinsel Priwall mit dem ostdeutschen Festland verbunden ist, während Priwall selbst zu Westdeutschland gehörte, aber durch die Trave von der Bundesrepublik getrennt war.

Das allerletzte Stück Weg führte über einen Knüppeldamm durch wildwuchernde hohe Büsche, die den Blick auf das Meer verstellten. Riechen und hören konnten wir es schon. Dann endlich standen wir am Strand. Nach sieben Wochen und 1400 Kilometern quer durch Deutschland waren wir angekommen. Ein aufwühlender Moment. Ich war stolz und glücklich über die Leistung, die Cleo und ich vollbracht hatten, aber auch traurig, dass die wunderschöne Wanderung, eine der bewegendsten Unternehmungen meines Lebens, zu Ende war. Ich tröstete mich damit, dass ich in Deutschland noch viele Wanderungen machen würde, denn unsere Landschaften sind reich an Wegen und Zielen für denjenigen, der wie ich von Zeit zu Zeit die Waldeinsamkeit sucht.

MEIN BESUCH BEI DEN WILDPFERDEN

<<<
Die Dülmener Wildpferdeherde ist mit rund 350 Tieren die größte ihrer Art in Europa.

<<
Eigentlich sind Pferde Steppentiere. Die Dülmener Wildpferde haben sich den Gegebenheiten des Merfelder Bruchs im Lauf der Zeit aber gut angepasst.

<
Selbstbildnis mit meiner Lieblingsstute.

DIE LEITSTUTE freut sich jedes Mal, wenn sie mich sieht, und zieht als Erste auf mich zu. Was sicher auch daran liegt, dass ich meistens eine Möhre oder eine andere Leckerei dabeihabe. Die Dülmener Wildpferde sind für mich etwas Besonderes. Ihr Geruch, ihre eleganten Bewegungen und ihre Ausgeglichenheit lassen jegliche Anspannung von mir abfallen; in ihrer Nähe fühle ich mich ruhig und zufrieden.

Alles halb so wild

Verblüffenderweise findet man diese größte autark lebende Wildpferdeherde Deutschlands am Rand des Ruhrgebiets und nicht etwa, wie man vermuten würde, im dünn besiedelten Brandenburg oder in Mecklenburg. Wobei der Begriff „Wildpferde" eigentlich nicht ganz richtig ist. Den Ursprung dieser Herde bildeten nämlich die letzten Exemplare einer alten deutschen Wildpferderasse *und* die letzten Emscherbrücher, die zwar auch wild lebten, aber ursprünglich Hauspferde waren. Der Herzog von Croÿ ließ diese Tiere vor gut 150 Jahren in die Wildbahn im Merfelder Bruch bei Dülmen bringen, um ihren Fortbestand zu sichern. Da man damals schon die Gefahren der Inzucht kannte, wurden Einzüchtungen vorgenommen, und zwar zunächst mit Ponys aus der Mongolei, seit einigen Jahrzehnten mit Koniks aus Polen. Diese Rassen wählte man, damit die Charakteristika eines Wildpferds erhalten blieben: Tatsächlich sind die Dülmener Pfede meistens braun- oder graufalben und haben einen Aalstrich, der sich von der Mähne bis zum Schweif zieht und zusammen mit den seitlich hinunterlaufenden Streifen das

Wenige Tage nach dem Fohlen sind die Stuten wieder rossig. Man tauscht die Deckhengste jedes Jahr aus, um die genetische Vielfalt zu erhalten.

^ Gut elf Monate dauert die Tragzeit bei Wildpferden. Es wird immer nur ein Fohlen geboren.

> Auch bei schwierigen Geburten greift der Mensch nicht ein: Die Dülmener Wildpferdestuten sind beim Fohlen sich selbst überlassen.

Schulterkreuz bildet. Manchmal haben sie auch „Zebrastreifen“ an den Beinen. Dülmener Pferde sind von verhältnismäßig kleinem Wuchs und sehr robust. Die heute um die 350 Tiere zählende Herde ist auf der Wildbahn – ein eingezäuntes Areal von etwa 360 Hektar, teilweise bewaldet – 364 Tage im Jahr völlig sich selbst überlassen. Die Pferde werden nicht beschlagen, es wird kein Tierarzt geholt, wenn ein Tier krank wird oder eine Stute Probleme beim Fohlen hat. Schutz vor Wind und Wetter finden sie ausschließlich im Wald, und nur in sehr harten Wintern wird zugefüttert. Allerdings wird die Zucht strengstens reguliert, und das geschieht am 365. Tag.

Normalerweise werden Junghengste „abgeschlagen“, ziehen zunächst in Junggesellengruppen umher und versuchen dann, eine eigene Herde zu gründen. Die Wildbahn im Merfelder Bruch bietet aber nicht genug Platz für mehrere Herden. Da es auf dem begrenzten Raum außerdem zu teils schweren Kämpfen zwischen den Hengsten kommen würde, werden an einem Tag im Jahr alle männlichen Jährlinge aus der Herde herausgefangen. Um aber die Herde an sich zu erhalten – und vor allem deren genetische Vielfalt –, werden ihr jedes Jahr für einige Zeit ein oder zwei Deckhengste zugeführt. Am interessantesten für Pferdeliebhaber ist aber der erwähnte 365. Tag: Am letzten Samstag im Mai kommt es im Merfelder Bruch zu einem Spektakel, das unter Pferdefreunden weit über die Grenzen Deutschlands hinaus bekannt ist. Der „Dülmener Wildpferdefang“ zieht derart viele Zuschauer an, dass die 12 000 Plätze auf der Tribüne Jahr für Jahr ausverkauft sind.

›
Viele Stunden mit Pferden zu verbringen ist Balsam für die Seele. Hier entscheidet die Leitstute, der Mensch ist nur Gast.

Der Dülmener Wildpferdefang

Selbst ein Cowboy aus Texas würde vor Neid erblassen, denn die Tiere werden nicht mit einem Lasso, sondern mit den Händen gefangen, was Mut, Geschick, Kraft und Erfahrung erfordert. Zuerst wird die Herde von der Wildbahn in die Arena getrieben. Dann separiert man eine kleine Gruppe, fängt die Junghengste heraus und bringt die Stuten in ein Gatter. Danach wird die nächste Gruppe separiert und so weiter. Das ist weit schonender für die Tiere, als sie mit dem Lasso einzufangen oder gar zu betäuben. Und es hat den Vorteil, dass das Ganze an einem einzigen Tag stattfinden kann und danach für 364 Tage wieder Ruhe herrscht. Die älteren Stuten kennen das schon und nehmen die Veranstaltung relativ gelassen hin. Für die Jungtiere ist es natürlich eine große Aufregung und ein gewisser Stress – bei anderen Fangarten wäre der aber weit größer.

Dafür nimmt man in Kauf, dass es bei den Fängern nicht ohne Blessuren abgeht. Sie sehen am Ende des Tages ziemlich ramponiert aus. Blaue Flecken sind dabei noch das Harmloseste. Für die Bauernburschen der Region ist es dennoch eine Auszeichnung, zum Fänger gewählt zu werden. Insofern war es eine große Ehre für mich, als ich vor einigen Jahren beim Fang dabei sein durfte.

Sobald ich in der Kluft der Fänger steckte – gestreiftes blaues Hemd mit Stehkragen, rotes Halstuch und, ganz wichtig, Hodenschutz unter der Jeans –, kam ich mir ein bisschen wie John Wayne vor. Die Fänger sind an diesem Tag in einer fast euphorischen Stimmung, die sich auf mich übertrug. Wenn es losgeht, bricht in einem der urzeitliche Jäger durch. Man sieht keine Arena mehr und keine Zuschauer, nur noch die Pferde. Den letzten Schritt, selbst einen Hengst zu fangen und niederzuringen, machte ich aber nicht, aus vielerlei

‹
Diese Tiere werden nie einen Tierarzt oder Hufpfleger sehen.
Ihr dichtes Fell schützt sie auch im Winter vor extremer Witterung.

^
Jedes Jahr kommen Ende Mai Tausende Pferdefreunde zum Wildpferdefang in den Merfelder Bruch. Die Arena ist stets bis auf den letzten Platz ausverkauft.

<
Die Erde bebt, wenn die Herde in die Arena eingaloppiert, vorneweg die Leitstute.

Gründen. Einer der Fänger hatte sich schon einen heftigen Tritt zwischen die Beine eingefangen – darauf konnte ich gut verzichten. Da ich, wie alle anderen Fänger, zu Beginn namentlich genannt und dem Publikum als „der bekannte Tierfilmer" vorgestellt worden war, wäre es auch seltsam gewesen, wenn ich nun Tiere gefangen hätte, statt sie zu filmen. Also konzentrierte ich mich darauf, die Tiere mit der Kamera einzufangen.

Und es gab noch einen Grund: Auf einmal standen da die vertrauten Stuten mit ihren Jährlingen vor mir, die ich längere Zeit gestreichelt und gefüttert hatte. Ich sah die Anspannung in ihren Augen, und obwohl ich weiß, dass Tiere nicht so denken, glaubte ich doch, in ihrem Blick einen Vorwurf zu lesen, als wollten sie sagen: Hey, was soll das denn jetzt, vor ein paar Tagen hast du uns noch Leckerbissen zugesteckt! Tatsächlich war ich in dem Moment der Feind der Stuten, denen ich ihren Jährling wegnehmen wollte. Für mich hatte das fast etwas von Verrat.

Nach der Fangaktion werden die Junghengste versteigert, nur einige wenige werden verlost. Das Geld, das durch die Auktion, die Eintrittskarten für die Arena und die Standgebühr für die Verkaufsbuden eingenommen wird, investieren die Veranstalter in den Erhalt der Herde und der Wildbahn. Die Dülmener Wildpferde sind ein herausragendes Beispiel dafür, was Privatinitiativen im Naturschutz erreichen können. An dieser Stelle ein großer Dank den Herzogen von Croÿ.

Die mutigen Männer aus Westfalen. Nur die Jährlingshengste werden aus der Herde herausgefangen und auf der Auktion versteigert.

›
In den Dülmener Wildpferden fließt sehr unterschiedliches Blut: Konik, Przewalski, Norweger, Liebenthaler Wildling und bestimmt auch Tarpan.

LAND DES WASSERS UND DER WEITE

Brandenburg

<<<
Stillleben mit Moorfröschen und Fliegenpilzen.

<<
Tauchgänge in der wilden Spree sind voller Überraschungen.

<
Von Lebus aus hat der Wanderer einen malerischen Blick auf die Oder. Auf der östlichen Flussseite schließt sich eines der größten Waldgebiete Polens an.

ALS ICH VOR LANGER ZEIT das erste Mal in Brandenburg war, hatte ich das Gefühl, gar nicht in Deutschland, sondern irgendwo in der nordamerikanischen Wildnis zu sein. Damals paddelte ich als Junge durch den Spreewald und war überwältigt von der Auenlandschaft mit ihren Erlenbruchwäldern, Feuchtwiesen und Mooren. Ich fühlte mich dort unglaublich wohl und „wild", ein bisschen wie Gojko Mitić, der Held unserer Jugend, dessen Geschichten meine Freunde und ich so gern nachspielten. Mitić spielte in zahlreichen DEFA-Filmen Indianer und war für die DDR das, was Pierre Brice für den Westen war. Dabei war Mitić die bessere Besetzung, wie ich bis heute finde, denn er sah einem Indianer viel ähnlicher. Vor allem hatte er deutlich mehr Muskeln als Brice, was für uns Jungen fraglos einen Indianerhäuptling auszeichnete.

Wälder und Menschen

Brandenburg ist mit seinen vielen naturbelassenen Regionen wie dem Oderbruch, dem Barnim, der Uckermark, dem Schlaubetal oder der Prignitz noch heute überwiegend ein wildes Land. Dass es die zweitgeringste Bevölkerungsdichte Deutschlands hat (nur 85 Einwohner je Quadratkilometer und damit nur halb so viele wie in Bayern oder Niedersachsen), kommt der Natur zweifellos zugute. Mehr als 30 Prozent der Fläche sind „nationale Naturlandschaften", darunter die Naturparks Dahme-Heideseen, Unteres Odertal oder Westhavelland und Biosphärenreservate wie die Flusslandschaft Elbe-Brandenburg oder Schorfheide-Chorin. Es gibt 3000 Seen und 33 000 Kilometer Wasserläufe. Mit seinen vielen Gewässern ist Brandenburg ideal für das Wasserwan-

ALBATROS OUTDOOR
Natur- und AktivReisen

Cleo erträgt es nicht, wenn ich abtauche und dann plötzlich verschwunden bin. Manchmal folgt sie mir für Sekunden unters Wasser.

dern, ob mit Faltboot, Kanu, Ruder-, Segel- oder Motorboot. Aber auch zu Fuß lässt sich das Land wunderbar durchstreifen, zum Beispiel auf dem Märkischen Landweg, dem Moorerlebnispfad, der Naturparkroute Märkische Schweiz, dem Oderlandweg oder dem Burgenwanderweg. Und das alles ist nur einen Katzensprung von Berlin entfernt.

Neben seiner abwechslungsreichen und einmaligen Natur verbinde ich mit Brandenburg Entschleunigung: Die Menschen dort sind sehr freundlich und aufgeschlossen, vor allem aber gelassen und optimistisch. Sie machen alles mit Bedacht, das aber sehr ausdauernd. Vielleicht bringt das die Landschaft mit sich, die ständige Auseinandersetzung mit der Natur, egal ob das der Sandsturm auf dem Rübenacker ist, der große Waldbrand, der gerade wieder 400 Hektar Kiefernwald vernichtet hat, oder der schlechte Fang in einem der Seen. Den Brandenburger bringt so leicht nichts aus der Ruhe, und das überträgt sich nach ein paar Tagen auch auf einen selbst.

Natürlich gibt es in Brandenburg auch Gebiete, die von der Industrie geprägt sind, etwa die Ober- und Niederlausitz mit ihren großen Braunkohletagebauen und den Kraftwerken Jänschwalde – dem zweitgrößten Deutschlands –, Schwarze Pumpe oder Boxberg, die zu DDR-Zeiten ungeheure Dreckschleudern waren. Diese Kraftwerke sind heute zwar wesentlich umweltfreundlicher, doch die gewaltigen Kühltürme stören nach wie vor das Landschaftsbild. Ein schwieriges Erbe der DDR sind auch die riesigen Kiefern-Monokulturen im mittleren und südlichen Brandenburg. Die Kiefer ist der ideale Wirtschaftsbaum für diese Region, weil sie mit den sandigen Böden und den geringen Niederschlagsmengen zurechtkommt. Die Bäume wurden nach 40, 50 Jahren gefällt und ihr Holz unter anderem zu Spanplatten verarbeitet, ein Exportschlager der DDR. Heute mischen

Immer wieder bin ich mit Cleo auf der Spree unterwegs. Die Landschaft erinnert manchmal an Kanada oder Skandinavien.

^ Große Welse sind standorttreu und benutzen oft jahrelang dasselbe Tagesversteck.

< Die Zahl der Kleinfische hat durch die Klimaerwärmung und Kühlwassereinleitungen von Kraftwerken in den letzten Jahrzehnten deutlich zugenommen.

sich auch Eichen, Ahorne, Linden, Rotbuchen, Pappeln, Erlen und Birken ins Bild.

In den Wäldern des urwüchsigen Brandenburgs hingegen, zum Beispiel in der Schorfheide oder im Spreewald, hat sich seit meiner Kindheit kaum etwas verändert. Dort gibt es ebenfalls Kiefern, die allerdings auf natürliche Weise gewachsen und 150 oder 250 Jahre alt sind, sowie hauptsächlich Birken, Eschen, Erlen und jahrhundertealte Eichen. Da die dortigen Sumpflandschaften und Bruchwälder forstwirtschaftlich nicht genutzt werden können, waren sie schon zu DDR-Zeiten Natur- oder Landschaftsschutzgebiete. Diese Regionen sind wildreich. Allerdings ist es vielen Tieren eigentlich egal, wie ein Wald aussieht: Es macht für sie keinen großen Unterschied, ob es eine von Menschenhand in Reih und Glied gepflanzte Monokultur ist oder ein wilder Märchenwald, in dem knorrige alte Bäume stehen und umgestürzte, halb verwitterte Stämme am Boden liegen. Ein Wald muss ihnen in erster Linie drei Dinge bieten: Deckung, Ruhe und Nahrung.

In Brandenburgs Wäldern fand man jedenfalls schon zu DDR-Zeiten nicht nur viel Wild, vor allem Schwarz-, Rot- und Rehwild, sondern auch Arten, die aus anderen Bundesländern längst verschwunden waren. Dazu gehören der Wolf und der Elch – und sei es nur, dass sie gelegentlich über die zugefrorene Neiße oder die Oder nach Deutschland wanderten und wieder nach Polen zurückkehrten – sowie die Großtrappe, der zweitgrößte flugfähige Vogel der Erde. Dank verschiedener Schutzmaßnahmen leben mittlerweile wieder 146 Großtrappen (Stand: November 2012)

Der Wels ist der größte Süßwasserraubfisch Europas. Kapitale Exemplare können mehr als zwei Meter lang werden und sogar bis zu 100 Kilogramm schwer! Dieser Fisch ist etwa 1,60 Meter lang und wiegt 35 Kilogramm.

›
Die Jagd gehört zur menschlichen Urgeschichte: Jahrtausendelang sind wir Jäger und Sammler gewesen. Noch heute ist die Jagd für viele Leidenschaft und Handwerk zugleich.

in Deutschland, alle in Brandenburg und im an Brandenburg grenzenden Fiener Bruch in Sachsen-Anhalt. In den 30er-Jahren waren es um die 4000, 1998 nur noch 55. Andere in Deutschland seltene Tierarten, die in Brandenburg ein Rückzugsgebiet gefunden haben, sind der See- und der Schreiadler, der Fischotter und der Biber, die Smaragdeidechse, der Laubfrosch und die Sumpfschildkröte, um nur einige zu nennen. Brandenburg ist ein Eldorado für naturbegeisterte Menschen.

Riesige Welse

Eine der schönsten und urigsten Gegenden Brandenburgs ist der Spreewald. Fast menschenleer, ist diese märchenhafte Auen- und Moorlandschaft sehr abwechslungsreich. Bruchwälder mit riesigen Farnen, Erlen und Birken, Ufer voller Riedgras und Schilf, unzählige kleine Seen mit Seerosen und ausgedehnte Feuchtwiesen prägen die Landschaft, die durchzogen ist von natürlichen Verzweigungen der Spree und vielen von Menschenhand geschaffenen Kanälen. Ein Garten Eden für Tiere und Naturliebhaber – und das Schöne ist, dass man die Gegend sowohl zu Fuß als auch mit dem Rad oder auf dem Wasser durchstreifen kann.

Für den Wels, der sich während des Tages gern versteckt, etwa in Uferhöhlungen, unter versunkenen Baumstämmen oder in deren Hohlräumen, sind die Gewässer des Spreewalds ein idealer Lebensraum. Der Wels oder Waller ist der größte nur im Süßwasser lebende Fisch Europas. Und er wird immer größer, weil er häufig keine Winterruhe mehr hält. Wenn die Wassertemperatur nämlich nicht unter sieben bis vier Grad sinkt, entfällt diese Ruhephase, und der Waller frisst munter weiter – und zwar alles, was ihm vor sein breites Maul kommt: Krustentiere, Weißfische, kleine Raubfische, Amphibien, junge Wasservögel,

‹
Fischotter zählen zur Familie der Marder, sind aber die einzigen, die Schwimmhäute zwischen den Zehen tragen. Sie brauchen saubere und fischreiche Gewässer. An der wilden Spree lassen sie sich vom Kanu aus gut beobachten. In Deutschland gibt es schätzungsweise wieder 1200 Tiere.

<

Das ganze Jahr über grasen die Hirsche im Rudel friedlich nebeneinander. Doch wenn im September die Brunft beginnt, werden sie zu erbitterten Rivalen.

>
Große Truppenübungsplätze waren die ersten Lebensräume, in denen die Wölfe in Deutschland wieder siedelten. An den regelmäßigen Militärbetrieb haben sich die Grauhunde inzwischen gewöhnt.

sogar Bisams. Fische wachsen bei ausreichender und regelmäßiger Nahrung ein Leben lang. Dass unsere Gewässer immer wärmer werden, hat mit dem Klimawandel zu tun, hauptsächlich liegt es aber vermutlich am Kühlwasser von Kraftwerken, das, wenn es seine Pflicht getan hat, als warmes Wasser in die Flüsse geleitet wird. In warmen Gewässern ist auch das Futterangebot größer, denn hier gedeiht alles prächtig, nicht nur der Wels. Mittlerweile sind Welse mit einer Länge von 2,50 Metern und mehr auch in Deutschland gefangen worden – früher gab es solche Exemplare nur in Osteuropa, vor allem in Kasachstan, und im italienischen Po. Und wenn man sich ansieht, wo die größten Exemplare gefangen werden, wird die Vermutung, dass in erster Linie das Kühlwasser für die Erwärmung der Gewässer und für die „Monsterwelse" verantwortlich ist, fast zur Gewissheit: im Neckar und an der Weser. Denn an beiden Flüssen reiht sich Kraftwerk an Kraftwerk.

In der Paarungszeit ist das Fluchtverhalten der Welse wie bei allen größeren Fischen stark herabgesetzt, und wenn sie ablaichen, reagieren sie auf Störungen praktisch gar nicht mehr. Dann kann ein Taucher einen Wels mit dem sogenannten Wallergriff einfach an die Wasseroberfläche ziehen – zumindest eine kleinere Ausgabe, denn ein „nur" 1,60 Meter langer Fisch wiegt schon um die 35 Kilogramm. Beim Wallergriff greift man dem Tier mit dem Daumen ins Maul und drückt ihn gegen den Unterkiefer, mit den anderen Fingern greift man von außen in die Hautfalte am Kinn, oder umgekehrt. Wendet man diesen Griff richtig an, wirkt der Wels wie paralysiert und hält völlig still. Das funktioniert auch bei anderen größeren Fischen, zum Beispiel beim Karpfen oder Barsch. Beim Hecht mit seinen spitzen Zähnen ist dieser Griff allerdings nicht zu empfehlen.

<
Wolfskot erkennt man oft an den Haaren von Rot-, Reh-, Schwarz- und Muffelwild, die unverdaut wieder ausgeschieden werden.

<
Wolfswelpen im Alter von neun bis zehn Wochen in einem Gehege. Ab der vierten Lebenswoche versorgt die Wölfin ihre Welpen nicht nur mit Muttermilch, sondern auch mit vorverdautem Fleisch, das sie vor den Jungen wieder auswürgt.

Scheue Wölfe

Zu DDR-Zeiten konnte man hin und wieder in einer Jagdzeitung lesen, in Brandenburg sei ein Wolf geschossen worden. Damals gab es sogar Abschussprämien, obwohl sich nur selten eines dieser Tiere bei uns blicken ließ. Mittlerweile gibt es einen recht ansehnlichen Bestand – auch wenn die Rudel sehr klein sind –, und vereinzelt suchen sich Tiere auch neue Reviere in anderen Bundesländern. So wurde in den letzten Jahren in Schleswig-Holstein und in Hessen je ein Wolf nachgewiesen, der aus der Lausitz zugewandert war. Nun mag man sich fragen, warum der Wolf überhaupt nach Deutschland kommt, wo sich doch jenseits der Grenze beinahe endlose dichte Waldgebiete erstrecken. Um nur zwei Gründe zu nennen: In Polen dürfen Wölfe gejagt werden, während sie in Deutschland unter Schutz stehen, und Brandenburg – sozusagen das Einfallstor – ist eben sehr wildreich; dort finden sie also leicht Beute. Ob sie auf Dauer wieder in ganz Deutschland heimisch werden, ist jedoch fraglich. Dagegen spricht unter anderem, dass der Wolf riesige Streifgebiete braucht. In einem Land mit einem so hohen Verkehrsaufkommen und einem so dichten Straßennetz wie Deutschland schwebt er immer in Gefahr, bei seinen Streifzügen unter die Räder zu kommen. Ein anderes Problem ist die Intoleranz des Menschen. Viele haben eine tief verwurzelte Angst vor diesem Tier, die aber unbegründet ist, denn der scheue Wolf geht uns wo immer möglich aus dem Weg. Dass Wölfe Menschen angreifen, gehört in die Welt der Fabeln und Märchen. Andere befürchten, dass Wölfe ihr Nutzvieh reißen könnten, was sie tatsächlich hin und wieder tun. Diesen „Wolfshassern“ stehen jene gegenüber, die den Wolf als Bruder, als Stammesvater oder Mittler zwischen den Welten fast kultisch verehren, wie es unsere Vorfahren noch taten, bis

Kaum ein anderes Wildtier polarisiert so stark wie der Wolf. Von götzenhafter Verehrung bis zu abgrundtiefem Hass reichen die Empfindungen. Dabei ist uns der Wolf in vielen Dingen so ähnlich.

Wegweiser im Grumsin. Das Naturschutzgbiet ist einer der größten zusammenhängenden Tiefland-Buchenwälder und seit 2011 Unesco-Weltnaturerbe.

Noch keine zwei Wochen alt sind diese Waschbärenbabys. Cleo hatte sie aufgestöbert. Offensichtlich wurden sie von der Mutter nicht mehr versorgt, waren stark unterkühlt und hatten furchtbaren Hunger.

Die Kreuzspinne gehört zu den Radnetzspinnen. Ihre Hauptbeute besteht aus Fliegen und Grashüpfern, die sie mit einem Giftbiss lähmt. Für Menschen ist ein Biss völlig ungefährlich.

sich das Blatt mit dem Sesshaftwerden des Menschen allmählich wendete. Der Wolf polarisiert wie kaum ein anderes Tier, was sehr schade ist, denn er ist ein faszinierendes Wesen.

Interessant ist auch, dass der domestizierte Wolf, also unser Hund, und sein wilder Bruder einander nicht als von gleicher Art erkennen. Für Cleo wie auch für ihre Vorgängerin Cita ist ein Wolf einfach ein Beutegreifer, so wie ein Luchs oder ein Marder. Cleo ist ein sehr dominanter Hund, vor allem, wenn es ums Fressen geht. Da legt sie sich auch mit Rüden an, die dreimal so schwer sind wie sie. Als Experiment legte ich einem zahmen Wolf in einem Gehege einen Rotwildkadaver vor. Nachdem er sich sattgefressen hatte, ruhte er sich zwei, drei Meter neben dem Kadaver aus. Ich ließ Cleo in das Gehege. Sie rannte auf den Wolf zu, knurrte, bellte und wollte ihn von der Beute vertreiben. Der Wolf ging ein paar Schritte auf Cleo zu, zog seine Lefzen hoch und zeigte seine riesigen Zähne. Dann brummte er kurz – und Cleo klemmte die Rute ein und suchte das Weite. Das hätte sie bei einem Hund nie getan. Sie hat wohl instinktiv gespürt: Holla, das ist ein anderes Kaliber.

Elegante Kraniche

An mehreren Orten in Brandenburg und bis hoch nach Mecklenburg legen Kraniche auf ihren Frühjahrs- und Herbstzügen eine mehrwöchige Rast ein, um sich auf Mais- oder Weizenfeldern an übrig gebliebenen Körnern Fettreserven für die nächste Etappe nach Spanien oder Nordafrika zuzulegen. Allein in Brandenburg sind es mehr als

<
Brandenburg ist Wasserland. Mehr als 30 Prozent seiner Fläche sind als nationale Naturlandschaften ausgewiesen.

100 000, und einer der Hauptrastplätze, das Linumer Bruch im Rhin-Havelluch, ist nicht einmal eine Autostunde von Berlin entfernt. Die Zahl der Kraniche in Deutschland nimmt zu, was vor allem damit zu tun hat, dass immer mehr Feuchtgebiete renaturiert werden. Als Bodenbrüter bevorzugt der Kranich Sümpfe, da sein Nest dort vor Fressfeinden gut geschützt ist.

Zwar ist der Frühjahrszug nicht ganz so spektakulär wie der Herbstzug, weil dann weniger Vögel gleichzeitig unterwegs sind. Aber dafür kann man den Balztanz der Kraniche beobachten, und das ist ein eindrucksvolles Naturschauspiel. Wie in einer Ballettvorführung laufen Männchen und Weibchen voreinander her, schlagen mit den Flügeln und verbeugen sich. Es sieht aus, als würden die grauen Vögel gemeinsam tanzen.

Mit den Kranichen kommen Tausende Menschen, die sich von der Schönheit, Grazie und Eleganz der Vögel angezogen fühlen. In der Tat kann man sich der Anmut dieser Tiere und vor allem dem unglaublichen Erlebnis, sie in Schwärmen fliegen zu sehen, kaum entziehen. So ist es kein Wunder, dass der Kranich eines der symbolträchtigsten Tiere überhaupt ist. Er steht in den unterschiedlichsten Kulturen für Glück, Weisheit oder Charakterstärke und ein langes Leben. Faszinierend ist auch sein trompetenartiger Gesang, der bis zu zwei Kilometer weit zu hören ist. Denn die über einen Meter lange Luftröhre der Kraniche bildet einen hervorragenden Resonanzkörper. Wenn ich den Gesang der Kraniche über der weiten Landschaft Brandenburgs höre, fühle ich mich wieder wie der kleine Junge, der einst von der nordamerikanischen Wildnis träumte – und davon, die Welt zu entdecken.

In vielen Regionen Brandenburgs dominiert die Natur. Brutgebiete von Kranichen sind ein Indikator für naturnahe Lebensräume, in denen der Mensch nur eine Nebenrolle spielt.

<
Abendruhe am großen Strom – an der Elbe bei Lenzen. Hier sagen sich Seeadler, Storch, Kranich, Wildgans und Kolkrabe Gute Nacht.

TÜR AN TÜR MIT FUCHS UND WASCHBÄR

Wildtiere in der Stadt

<<<
Die Elbe bei Dresden – Cleo ist begeistert. Im flachen Wasser wimmelt es von Wollhandkrabben.

<<
Schwäne gehören zu den schwersten flugfähigen Vögeln. Wegen ihrer Größe und Schönheit werden sie schon seit der Antike vom Menschen als Ziervogel gehalten.

<
Viele Vögel und Säugetiere haben gelernt, in Großstädten mit uns zu leben.

IN DER STADT gibt es mehr Wildtiere, als uns bewusst ist. Einige leben dauerhaft unter uns, die meisten aber kommen nur auf Besuch. Zwar sagen sie sich nicht: Ach komm, lass uns in die Stadt ziehen, dort ist es wärmer, es gibt immer was zu fressen, und kein Jäger ist hinter uns her. Letzten Endes ist es aber genau das, was Wildtiere in die Stadt lockt.

Refugium Stadt

In der freien Natur steht nur zu bestimmten Jahreszeiten reichlich Nahrung zur Verfügung. Im Frühjahr ist es das erste frische Grün, im Spätsommer und Herbst sind es Kastanien, Eicheln, Bucheckern, Beeren und Pilze. Im Winter aber und im Hochsommer sind die Tiere auf eher karge, raufaserige Kost angewiesen. In der Stadt hingegen ist der Tisch das ganze Jahr über gedeckt wie sonst nur in Regionen mit intensiver Landwirtschaft. Wo die Felder das Jahr hindurch abwechselnd zum Beispiel mit Hackfrüchten, Getreide und Winterraps bestellt werden, finden Wildtiere ebenfalls immer reichlich zu fressen. Ein entscheidender Faktor ist auch, dass wir jahrzehntelang in Forsten und auf landwirtschaftlich genutzten Flächen in zum Teil starkem Maß Insektizide, Fungizide und Herbizide ausgebracht und damit die Natur regelrecht vergiftet haben, während wir die innerstädtischen Gärten und Parks sowie die stadtnahen Randgebiete verschonten. So wurden unsere Städte zu Rückzugsgebieten für Tiere aller Art.

In Städten können sich Tiere gut verstecken, und es gibt weniger Beutegreifer, was besonders für Beutetiere wie Vögel,

<
Der europäische Feldhamster ist die größte Hamsterart der Erde. Er ist ein klassischer Kulturfolger, der sich in der Feldflur viele Jahrhunderte lang gut zurechtfand.

Kleinsäuger oder Insekten entscheidend ist. Zudem sind manche Gesetze, die in Wald und Flur gelten – etwa dass ein Beutetier ständig auf der Hut sein muss –, in der Stadt teils außer Kraft gesetzt, weil sich der Fuchs dort auch gern von Biokompost und Abfällen ernährt oder der Marder sich über den Inhalt eines Katzenschälchens hermacht, das auf einer Terrasse steht. Dazu kommt, dass gerade in der Stadt oder in Stadtnähe viele Tiere überfahren werden. Beutegreifer brauchen nur noch die Straßen nach diesen Verkehrsopfern abzusuchen. Davon können sie gut leben, wenngleich sich ihr Jagdverhalten dadurch verändert hat. Tiere sind oft viel flexibler und anpassungsfähiger, als wir Menschen denken. So leben in der Stadt überwiegend generalistische Arten, die auch im Wald und auf der Feldflur ihr Auskommen finden.

Viele Menschen wundern sich, dass sich Wildtiere so angstfrei in Städte hineinwagen und sich dort offen zeigen. Doch für die meisten Tierarten war der Mensch nie eine Gefahr, denn in der Regel hat er nur die Tiere gejagt, die er essen oder deren Fell er gebrauchen konnte. Tiere haben eigentlich keine Angst vor dem Menschen. In Gebieten etwa, die selten von ihm betreten werden, reagieren die Tiere entspannt, wenn doch mal einer auftaucht – weil sie schlichtweg keine schlechten Erfahrungen mit uns gemacht haben. In Alaska habe ich mehrmals erlebt, dass ein Wolf recht uninteressiert in geringem Abstand an mir vorüberzog und dass in der Nacht Bären, Karibus, Elche, Moschusochsen oder Vielfraße an mein Zelt kamen. Viele Tiere haben wir erst durch intensive Bejagung scheu gemacht. Dieses Nachstellen fällt im Stadt-

Noch vor 40 Jahren gab es für den Feldhamster Fangprämien, und er galt als Volksschädling. Heute steht die Art auf der Roten Liste und ist stark gefährdet.

Wollhandkrabben im Elbflorenz. Die Tiere gelangten in den Ballasttanks von Überseeschiffen aus Asien nach Europa. An der Elbe sind sie geradezu eine Plage.

gebiet weitgehend weg, und siehe da, auf einmal zeigen die Tiere dieselbe Vertrautheit wie in entlegenen Gebieten oder Nationalparks. In Letzteren verhalten sich Menschen aus Sicht der Tiere unauffällig: Sie reden und lachen, zeigen sich offen, riechen nach Rasierwasser und bewegen sich bei einbrechender Dunkelheit nicht schleichend fort. In der Stadt verhält sich der Mensch genauso, und unwissentlich suggeriert er damit dem Wildtier: Du hast von mir nichts zu befürchten. Daher fühlen sich Wildtiere in der Stadt sicher.

Interessanterweise nehmen Tiere Autos nicht als Bedrohung wahr: Der Fuchs läuft nachts oder sogar schon im Abendlicht an der Straße entlang, Rehe fressen ein paar Meter neben der Fahrbahn und heben nicht einmal den Kopf, wenn ein Auto vorbeifährt, Greifvögel haken direkt auf dem Pflock neben der Schnellstraße auf. Aber natürlich sind Straßen und Autos eine Gefahr, speziell für Tiere mit starkem Wandertrieb wie Rotwild, Schwarzwild, Luchs, Wildkatze oder dem gerade wieder heimisch werdenden Wolf. Bei ihren Wanderungen müssen diese Tiere in einem so dicht besiedelten Land mit weitverzweigtem Autobahn- und Straßennetz unweigerlich Straßen überqueren. Viele bezahlen das mit dem Leben. Jahr für Jahr werden in manchen Gegenden 70 bis 80 Prozent der Krötenpopulation totgefahren, wenn die Tiere im Frühjahr von ihren Winterruhequartieren zu ihren Laichgewässern hin- und Wochen später wieder zurückwandern. Neben dem alljährlichen Wechsel von Winter- zu Sommereinstand ist der Erhalt der genetischen Vielfalt ein zweiter wichtiger Grund für den Wandertrieb. Deshalb sind Wild- oder Grünbrücken so wichtig. Über Wildschutzzäune, die entlang der Straße zu einer Wildbrücke führen, können Lebensräume, die von Straßen zerschnitten sind, wieder vernetzt und Tierwanderungen etwas sicherer gemacht werden.

Nilgänse stammen aus Afrika. Die Tiere mit dem charakteristischen Augenfleck sind robust und kälteunempfindlich. Sie haben sich fast überall in Deutschland angesiedelt und verdrängen einheimische Arten aus ihren Lebensräumen.

Das Biberfell ist eines der dichtesten im Tierreich. Biber kämmen es regelmäßig mithilfe ihrer Putzkralle und fetten es mit einem Sekret ihrer Öldrüsen ein.

^ Derek Ehlert ist Wildtierbeauftragter der Stadt Berlin. An der Spandauer Zitadelle beobachtet er regelmäßig das Leben der Berliner Großstadtbiber.

\> Biber sind die zweitgrößten Nagetiere der Erde. Ihr Bedürfnis, Gewässer aufzustauen, hat in Deutschland schon so manches Feuchtgebiet entstehen lassen.

Was in Städten kreucht und fleucht

Der Feldhamster, der größte Hamster der Erde, legt eigentlich keinen Wert auf die Nähe des Menschen, braucht aber abwechslungsreiche, kleinteilige Kulturlandschaften mit Hackfrüchten, Getreide und Grünland. Luzernen liebt er besonders. Direkt in der Stadt wird man ihn daher nicht finden, aber in unmittelbarer Nähe, beispielsweise im Ballungsgebiet um Heidelberg und Mannheim. Dort wird die vom Aussterben bedrohte Tierart in einem deutschlandweit einzigartigen Programm gezüchtet und auf Versuchsflächen ausgesetzt. Übrigens gehört der Feldhamster zu einer anderen Gattung als der Goldhamster, den man in vielen Kinderzimmern findet. Er ist doppelt so groß wie dieser!

Dass die Wollhandkrabbe vom Aussterben bedroht wäre, kann man nicht behaupten. Im Gegenteil. Wollhandkrabben sind sehr robust. Sie können in wärmeren wie in kalten Gewässern überleben, in sauberen genauso wie in verschmutzten, und sie fressen so ziemlich alles, was in Gewässern zu finden ist: Algen, Wasserflöhe, Insektenlarven, Krebse, Muscheln, Würmer oder tote Fische. Und sie haben einen ausgeprägten Wandertrieb. Die ersten Wollhandkrabben kamen vor etwa 100 Jahren in den Ballasttanks von Schiffen aus China in deutsche Häfen (sie sind also Neozoen, Tiere, die ursprünglich nicht hier heimisch sind) und sind inzwischen über die Elbe bis hinter Dresden gelangt. Nicht, dass diese Tierchen mit ihren behaarten Scheren eine Nahrungskonkurrenz etwa für Flusskrebse wären, nein, das Pro-

>
Gottesanbeterinnen sind Fangschrecken und als Haustiere bei uns beliebt. So mancher aber, der ihrer überdrüssig geworden ist, überlässt sie im Stadtpark ihrem Schicksal. Robuste Arten können auch bei uns den Winter überstehen und sich fortpflanzen.

<
Von allen Säugetieren haben Schweine die feinste Nase, dafür ist ihr Geschmackssinn schlecht ausgeprägt. Wildschweine fressen deshalb problemlos Dinge, die uns abscheulich schmecken würden.

blem ist: Zur Paarung müssen sie ins Brackwasser, und knapp zwei Jahre darauf macht sich der Nachwuchs in umgekehrter Richtung flussaufwärts auf den Weg. Hört sich harmlos an, aber die Tiere werden bis zu 30 Zentimeter groß, und wenn Hunderttausende gleichzeitig auf Wanderschaft gehen, dauert es nicht lange, bis Dränagen, Schiffsschleusen und Wehre hoffnungslos verstopft sind. Im Oktober 2012 etwa quoll der Nord-Ostsee-Kanal von Wollhandkrabben geradezu über. Die Tiere können mehrere Tage lang außerhalb des Wassers überleben, und erst das ermöglicht es ihnen, Schleusen und andere Hindernisse zu umgehen und große Entfernungen zurückzulegen. Der Krabbe ist es natürlich egal, ob der Fluss, in dem sie lebt, durch eine wildromantische Landschaft oder mitten durch eine Stadt fließt. Sie ist insofern eine Ausnahme unter den „Stadttieren", weil sie nicht den Verlockungen der Stadt, sondern ihrem eigenen Wandertrieb folgt.

Der Waschbär ist ebenfalls ein Neozoon – und ein Generalist, wie er im Buche steht. Man findet ihn im Harz oder im Thüringer Wald bei hohem Schnee und fernab jeder Siedlung genauso wie mitten in der Stadt, am häufigsten in Potsdam, Berlin und Kassel, wo es sogar die europaweit dichteste Waschbärpopulation gibt. Am hessischen Edersee hatte man in den 30er-Jahren zwei Waschbären-Paare ausgesetzt, die sich rasch vermehrten. Das war der Start für die „Karriere" des Waschbären in unseren Breiten. Der Waschbär ist ein weiteres Beispiel dafür, wie in Deutschland ursprünglich nicht heimische Tiere – oder Pflanzen (Neophyten) – zum Problem werden können. Als über die Auswirkungen fremder Tiere und Pflanzen auf die heimische Fauna und Flora noch wenig bekannt war, wurden oft bewusst Tiere und Pflanzen importiert, um einen Nutzen, welcher Art auch immer, daraus zu ziehen: Sei es, dass man hoffte, mit dem Pelz des Tieres Geld

>
Deutschland hat das dichteste Straßennetz der Welt, dennoch können Wildtiere vielerorts wandern. So wie hier helfen Wildbrücken dabei, Großlebensräume wieder miteinander zu vernetzen.

^ Als unsere Hündin Cita noch ein Welpe war, freundete sie sich mit einem jungen Waschbären an.

> Die beiden spielten regelmäßig miteinander. Als der Waschbär und Cita in die Pubertät kamen, war es damit abrupt vorbei, und sie gingen sich aus dem Weg.

zu verdienen oder mit seiner Hilfe einem heimischen Schädling Herr zu werden, oder weil man eine exotische Pflanze einfach hübsch fand.

Das Problem liegt darin, dass solche Tiere und Pflanzen Schäden anrichten, heimische Arten gefährden und gar deren Aussterben verursachen können. Der Riesenbärenklau etwa sondert bei Sonnenschein ein hochtoxisches Nesselgift ab, der Essigbaum wuchert wie Unkraut und erstickt alles andere. Der Waschbär plündert gern Vogelnester und bedroht damit Rebhühner, Fasane und andere heimische Vogelarten. Nicht gefährlich, aber ärgerlich für einheimische Raubtierarten: Wenn ein Waschbär eine geeignete Behausung findet, in der bereits ein Steinmarder, ein Wiesel, ein Iltis oder ein Fuchs haust, wird der Waschbär ihn kurzerhand vertreiben. Für uns ist er keine Gefahr, aber zieht er in unsere Nachbarschaft oder gar in unser Haus, kostet er Nerven und manchmal auch Geld. Denn wenn ein Waschbär in schöner Regelmäßigkeit die Mülltonne aus- und die Obstbäume abräumt, ist das lästig, keine Frage, aber wenn er sich seinen Schlafplatz auf unserem Dachboden einrichtet, kann das teuer werden. Da können schnell mehrere Tausend Euro zusammenkommen.

Als Verursacher von Schäden befindet er sich in guter Gesellschaft mit dem Wildschwein. Vorwiegend im Schutz der Dunkelheit, immer häufiger aber auch tagsüber, kommen Schwarzkittel aus den umliegenden Wäldern in die Stadt und suchen in Gärten und Parks nach Fressbarem. Würden sie nur aufsammeln, was an Fallobst, Gartenabfällen und Ähnlichem herumliegt, wäre das kein Problem. Doch die Tiere

< Waschbären sind Allesfresser und Opportunisten: Problemlos können sie sich wochenlang ausschließlich von Kirschen oder Pflaumen ernähren – und dann für lange Zeit von einem Tierkadaver fressen.

<
Diese Füchsin hat im Stadtpark mehrere junge Kaninchen erbeutet. Pausenlos schafft sie Futter heran, weil sie sieben Junge zu versorgen hat.

>
Die Hauptbeute des Fuchses sind Mäuse. Aber auch Insekten und Würmer verschmäht er nicht. Im Wald und auf der Flur ist er eine Art Gesundheitspolizist, weil er auch Aas frisst und kranke Tiere wegfängt.

graben auf der Suche nach Würmern oder Engerlingen auch den Boden um – und zwar gründlich. In einigen Eifeldörfern, und nicht nur dort, durchpflügen Wildschweine regelmäßig die Fußballplätze, und so manches Match musste schon wegen Unbespielbarkeit des Rasens abgesagt werden.

Vögel zieht es häufig nicht in erster Linie wegen des Nahrungsangebots, sondern eher wegen der guten Nistmöglichkeiten in die Stadt. Die Wasseramsel zum Beispiel lebt normalerweise an klaren Bächen. Als Höhlenbrüter sucht sie sich aber gern alte Brücken aus Naturstein zum Nisten. Herausbröckelnder Mörtel lässt zwischen den Steinen unzählige Spalten und Löcher zurück, die sich ideal zum Brüten eignen. Da ist die Wasseramsel ganz pragmatisch.

Neben den vielen Wildtieren, die auf Zeit oder auf Dauer in die Stadt kommen, gibt es etliche, die gar kein anderes Leben als das in der Stadt kennen: Wildtiere, die aus Zoos ausgebüxt sind oder von Privatleuten ausgesetzt wurden, weil sie auf einmal zu viel Arbeit machten. Das sind häufig ebenfalls Neozoen, etwa Stabheuschrecken, Gottesanbeterinnen oder Schmuckschildkröten. Viele dieser Tiere überleben den nächsten Winter nicht, die robusten aber lernen, in der Freiheit klarzukommen. Dabei helfen ihnen die zunehmend milden Winter, und manchmal werden sie sogar zur Plage wie die Alexandersittiche in Köln oder Wiesbaden. Immer findet sich eine Nische, in der man Schutz findet. Zur Not vertreibt man eine Schwarzdrossel oder eine Taube aus ihrer Behausung.

Wildtiere in der Stadt sind ein spannendes Thema, weil viele Menschen Tür an Tür mit ihnen leben – manchmal ohne von ihnen zu wissen. Halten Sie beim nächsten Spaziergang die Augen offen.

>
Wasseramseln sind exzellente Taucher, obwohl sie keine Schwimmhäute besitzen. Sie ernähren sich von Kleinkrebsen und Insektenlarven, die sie vom Grund von Bächen und kleineren Flüssen absammeln. Ihre Augen, mit denen sie über und unter Wasser sehr gut sehen können, sind flach wie eine Taucherbrille.

SEEADLER: FOTOGEN, ABER KAMERASCHEU

Mecklenburg

<<<
Viel Wasser und viel Ruhe – die Mecklenburgische Seenplatte.

<<
Der Seeadler ist der größte Adler Europas. Besonders große Exemplare haben eine Flügelspannweite von ungefähr 2,50 Metern.

<
Kornblumen, Klatschmohn, Margeriten und Senf: Cleos Nase ist vom Duft der Blüten wie betäubt.

DER NORDOSTEN Deutschlands ist für viele ein Sehnsuchtsort: die Mecklenburgische Seenplatte, die Ostsee mit ihren Buchten, Landzungen, Halbinseln und Inseln, darunter Deutschlands größte Insel Rügen mit den einzigartigen Kreidefelsen. Auch mich faszinieren die großen naturbelassenen Lebensräume, etwa die Nationalparks Müritz, Vorpommersche Boddenlandschaft und Jasmund oder die Biosphärenreservate wie der Schaalsee und Südost-Rügen. Sie nehmen mit Ausnahme des Schaalsees riesige Flächen von 230 bis 800 Quadratkilometern ein – und das in einem so dicht besiedelten, landwirtschaftlich und industriell intensiv genutzten Land wie Deutschland. Das ist ein großes Geschenk.

Diese herrlichen Landschaften sind nicht nur ein Paradies für Naturbegeisterte, sondern auch für unzählige, zum Teil seltene Tier- und Pflanzenarten wie Schwarzstorch, Fisch- und Seeadler, Wiedehopf und Ziegenmelker, Fischotter und Rotbauchunke, Sonnentau, Wollgras und Königsfarn. Die Halbinsel Fischland-Darß-Zingst im Nationalpark Vorpommersche Boddenlandschaft ist neben einigen Stellen in Brandenburg ein Hauptrastplatz für Zehntausende von Kranichen auf dem Weg in ihre Brutgebiete beziehungsweise Winterquartiere.

Eine Erfolgsgeschichte

In den 70er-Jahren gab es im damaligen Westdeutschland nur noch drei Seeadler-Brutpaare, je eines am Selenter See, am Schaalsee und am Großen Plöner See. In der DDR sah es ein bisschen besser aus, da waren es etwa 30 bis 40. Heute sind es in Gesamtdeutschland wieder mehr als 600.

›
Cleo ist vom Anblick der kapitalen Brasse sichtlich beeindruckt.

Dass sich der Bestand des größten Greifvogels Mitteleuropas erholt hat, ist eine der größten Erfolgsgeschichten der letzten 30 Jahre – Seeadler erreichen eine Körperlänge von 70 bis 90 Zentimetern und eine Flügelspannweite von bis zu zweieinhalb Metern.

Das majestätische Tier wurde in erster Linie deshalb fast ausgerottet, weil man das Insektizid DDT vom Kriegsende bis zum Verbot Anfang der 70er-Jahre in der Landwirtschaft geradezu maßlos verwendete. Da Seeadler am Ende der Nahrungskette stehen, reicherte sich das Gift in ihren Körpern nach folgendem Schema an: Käfer und andere Insekten bekamen auf dem Getreidefeld DDT ab und fielen ins Wasser, ein Fisch fraß viele solcher Käfer, ein Kormoran fraß viele solcher Fische, der Seeadler fraß den Kormoran. Das potenzierte DDT führte dazu, dass Seeadler viele unfruchtbare Eier und vor allem Eier mit sehr dünner Schale legten, sodass die Embryonen der wenigen befruchteten Eier kaum eine Überlebenschance hatten. Heute ist die größte Gefahr für die Seeadler eine andere. Während Eulenvögel wie der Uhu vieles auswürgen, was sie nicht verdauen können, zersetzt die extrem scharfe Magensäure vieler Greifvögel auch Knochen, Haare, Federn – und Blei. Der Seeadler frisst als eine Art Gesundheitspolizist viele kranke, schwache oder verletzte Tiere, also auch Tiere, die Bleikörner oder -splitter abbekommen haben und für den Jäger unauffindbar im Wald oder im Wasser liegen. Immer wieder werden Seeadler gefunden, die nachweislich an einer Bleivergiftung verendet sind oder nur noch apathisch am Boden sitzen.

‹
Jan Poggensee ist einer der drei Berufsfischer auf dem Schaalsee. Er fischt auf der mecklenburgischen und der schleswig-holsteinischen Seite. Über einen starken Hecht freut er sich besonders. Sein „Brotfisch“ ist allerdings die Maräne.

‹
Seeadler leben nicht nur von Fischen und Wasservögeln. Vor allem im Winter ernähren sie sich auch von verendeten Säugetieren.

Mit Bambi auf Motivsuche

Bei einem Bestand von 600 Brutpaaren möchte man meinen, dass es ein Leichtes sei, Seeadler aus der Nähe zu filmen – tatsächlich aber wurde dieses Vorhaben zu einer der größten Herausforderungen in meiner Laufbahn als Tierfilmer. Deutschland ist für Tierfilmer generell eine Herausforderung, weil viele Großtiere sehr scheu oder dämmerungs- und nachtaktiv sind. 2011 reisten Cleo und ich mehr als zwei Monate lang kreuz und quer durch Brandenburg und Mecklenburg. Ich machte zwar gute Aufnahmen von Seeadlern, aber nicht die spektakulären, außergewöhnlichen, die ich mir gewünscht hätte. Das hatte mehrere Ursachen. Die wichtigste war wohl, dass ich damals, was Seeadler anging, recht unerfahren war: Mal war ich zur falschen Zeit am richtigen Ort, mal folgte ich falschen Hinweisen oder fiel auf leere Versprechungen eines selbst ernannten Seeadler-„Experten" herein. Doch auch wenn ich an wirkliche Experten geriet, hatte ich kein Glück. Es war wie verhext. Das fing schon beim Wetter an. Egal wo wir hinkamen, das Wetter war schlecht, und immer hieß es, bis gestern schien die Sonne. Und da, wo sonst immer Seeadler waren, ließ sich, kaum dass Cleo und ich auftauchten, kein einziger mehr blicken – zumindest nicht in unserer Nähe.

Bei meinen ersten Versuchen hatte ich ein totes Reh, das von einem Auto überfahren worden war, als Seeadler-Köder dabei. Damals war es so kalt, dass sich Bambi, wie ich das Reh nach einiger Zeit nannte, recht gut hielt. Das verhinderte allerdings nicht, dass es ausgaste – es stank fürchterlich. Damit ich es den Seeadlern nicht tiefgefroren vorsetzen musste, nahm ich es über Nacht – in mehrere Plastiksäcke gut verpackt – mit in die Pensionen, in denen Cleo und ich übernachteten. Wenn ich zwischendurch für ein paar Tage nach Hause fuhr, kam Bambi in die Gefriertruhe, bis

Morgenstimmung am Schaalsee. Mitten durch den See verlief einst die deutsch-deutsche Grenze. Hier kam es häufig zu Fluchtversuchen.

^ Während der Jungenaufzucht sind beide Elternvögel mit der Jagd beschäftigt.

> Man hat schon Adler beobachtet, die bis zu zwei Kilogramm schwere Fische im Jagdflug aus dem Wasser rissen. Wenn sie die Wahl haben, bevorzugen sie kleinere Beutefische.

meine Frau dem einen Riegel vorschob. So oder so: Am Ende brachte die Plackerei mit Bambi überhaupt nichts, denn die Seeadler verschmähten es. Cleo und ich harrten zum Beispiel drei Tage hintereinander bei Minusgraden an einer Stelle aus, an der sich sonst „immer" Seeadler über ausgelegte Köder hermachen. Nur halt diesmal nicht. Witterung konnten sie von uns nicht bekommen, weil Vögel gar nicht riechen können. Sehen konnten sie uns auch nicht, weil Cleo und ich versteckt in einem Pumpenhäuschen saßen und durch einen Sehschlitz auf Bambi starrten. Irgendwann war ich so verzweifelt, dass ich mit Bambi in den Wildpark Eekholt fuhr. Wenn alles nichts hilft, überlegte ich, muss ich halt im Gehege filmen. Doch auch die Seeadler von Eekholt rührten es nicht an. Bambi landete schließlich in einem Wolfsgehege, wo sich nach anfänglichem Zögern ein Rudel Wölfe seiner erbarmte.

Im Seeadlerhorst

Eine der intensivsten Naturerfahrungen, die ich in Deutschland je erlebt habe, hatte ich, als ich auf der Jagd nach außergewöhnlichen Bildern von Seeadlern in einen ihrer Horste klettern durfte. Ich sollte die Jungvögel abseilen, damit der Adlerexperte Oliver Krone sie beringen, vermessen und ihnen Blut zur Bestimmung der DNS abnehmen konnte. In einen Adlerhorst zu steigen ist eine besondere Herausforderung. Nicht so sehr, weil die Horste auf hohen Bäumen liegen – die Kiefer, an der ich hochkletterte, maß etwa 30 Meter –, sondern wegen ihrer Dimensionen. Ältere Horste können im Durchmesser

< Adler können auch unter einer stark reflektierenden Wasseroberfläche Beutefische erkennen und präzise anfliegen.

<
Adlerhorste befinden sich meist auf exponierten Bäumen in 28 bis 32 Meter Höhe. Die größte Schwierigkeit bestand für mich darin, im Bereich der Krone um den Horst herumzuklettern, bevor ich in das Nest gelangte.

mehr als zwei Meter groß, zwei bis fünf Meter hoch und 600 bis 1000 Kilogramm schwer sein. Irgendwie schaffte ich es, mich über den Rand eines solchen Ungetüms zu hangeln – und befand mich Auge in Auge mit einem Adlerküken. Ich steckte es vorsichtig in einen Sack und seilte es zu Oliver Krone ab. Dann hatte ich Zeit, mich im Horst umzusehen. Seeadler sind, was ihre Nahrung angeht, viel generalistischer, als man denkt. Ich entdeckte den Unterkiefer und die Rippen eines Frischlings, den Magen einer Ente, die Füße und den Schnabel eines Kormorans, den Schwanz eines Hechtes, Schuppen großer Brassen, Überreste eines Karpfens und Köpfe von Blesshühnern. Ein recht breites Spektrum, doch alles in allem eine eher kleine Beute im Vergleich zum weniger großen Steinadler, der sogar ausgewachsene Murmeltiere und Schneehasen schlägt oder versucht, eine Gams vom Felsen zu stürzen, damit er sie kröpfen kann. (So nennt man es, wenn Raubvögel Nahrung in ihren Kropf aufnehmen.) Das kann daran liegen, dass dem Steinadler einfach nicht so viele kleine Beutetiere zur Verfügung stehen wie dem Seeadler.

Ich sah mich noch etwas im Adlerhorst um. Mir wurde bewusst, welches Privileg ich gerade genießen durfte: Ich stand hoch über dem Land in einem Horst des größten Greifvogels Mitteleuropas, und mein Blick, so glaubte ich, reichte über halb Mecklenburg. Über mir kreisten die Eltern des Adlerkükens, griffen mich aber nicht an. Mein Körper war durch das Klettern voller Endorphine, und ich wusste außerdem, dass ich etwas Wichtiges für den Natur- und Tierschutz tat. Es war ein wundervolles Gefühl.

Dieser junge Seeadler ist fünf bis sechs Wochen alt. Aus den Blutkielen an den Flügeln sprießen gerade die Schwungfedern. Mit zwölf Wochen wird er flügge sein und den Horst das erste Mal verlassen.

^ Das Erste, was bei Vögeln ausgewachsen ist, sind die Fänge. Deshalb wirken sie bei Jungtieren, verglichen mit dem Körper, auch überproportional groß.

< Über die Zahlen- und Buchstabenkombination auf dem Leichtmetallring ist der Adler identifizierbar. Der orangefarbene Ring steht für Deutschland. Seeadler können mehr als 30 Jahre alt werden.

Am Schaalsee

Noch immer fehlte mir *das* Seeadlerbild. 2012 unternahm ich wieder einen Versuch, und dieses Mal sollte ich dank der Erfahrungen, die ich gesammelt hatte, mehr Glück haben. So wusste ich zum Beispiel, dass es am Schaalsee drei Brutpaare gibt. Zum Vergleich: Das Revier eines einzelnen Steinadlerpaares ist sechs- bis zehnmal so groß wie der gesamte Schaalsee. Hier gibt es also sehr viel Nahrung, denn die Größe eines Brutreviers ist letztlich vom Nahrungsangebot abhängig. Trotzdem wird um die besten Brutreviere erbittert gekämpft. Die Kontrahenten können sich mit ihren dolchartigen Klauen derart schlimme Verletzungen zufügen, dass der Kampf manchmal sogar mit dem Tod eines Adlers endet. Der Unterlegene wird zwar noch bedingt in dem Revier geduldet, kann dort aber nicht mehr brüten.

Viermal war ich schon am Schaalsee gewesen. Jedes Mal hatte der Fischer Jan Poggensee mich mit hinaus aufs Wasser genommen, denn der ein oder andere Seeadler kommt nah ans Boot heran, um sich ein Stück Beifang zu schnappen, den Jan oder sein Kompagnon Horst in hohem Bogen zurück ins Wasser befördern. Doch mal wollten die Seeadler nicht jagen, mal führten sie zwar einen spektakulären Luftkampf oder einen ihrer beeindruckenden Balzflüge auf, waren aber zu weit weg, und mal drehte sich das Boot durch eine Windböe, sodass sich Jan oder Horst ins Bild schoben. Über die Köpfe der beiden hinweg filmen ging aber nicht, denn: Seeadler können dank ihrer unglaublich scharfen Augen trotz der Spiegelung des Wassers

<
Mit einem Gewicht von 3,6 Kilogramm ist dieser Jungadler wohlgenährt. Vor dem Ausfliegen bringen die Altvögel weniger Futter, damit die Jungen für die ersten Flugversuche leichter sind.

aus einer Höhe von mehreren Hundert Metern und aus unterschiedlichsten Perspektiven Fische ausmachen. Haben sie eine Beute entdeckt, fliegen sie sie in sehr flachem Winkel an, damit ihr Schatten sie nicht verrät.

Trotz solcher Schwierigkeiten gelangen mir dieses Mal wirklich gute Bilder, aber richtig zufrieden bin ich noch nicht. Ich bin den Seeadlern verfallen und fühle mich in ihrem Lebensraum so wohl, dass ich es weiter versuchen werde. Für einen Tierfilmer sind diese imposanten Vögel eine nie endende Herausforderung. Ich freue mich schon auf das nächste Mal.

Seine Majestät, der König der Lüfte: Die Bestandsentwicklung des Seeadlers in Deutschland ist eine großartige Erfolgsgeschichte.

KOLOSSE MIT KULLERAUGEN

Helgoland und Wattenmeer

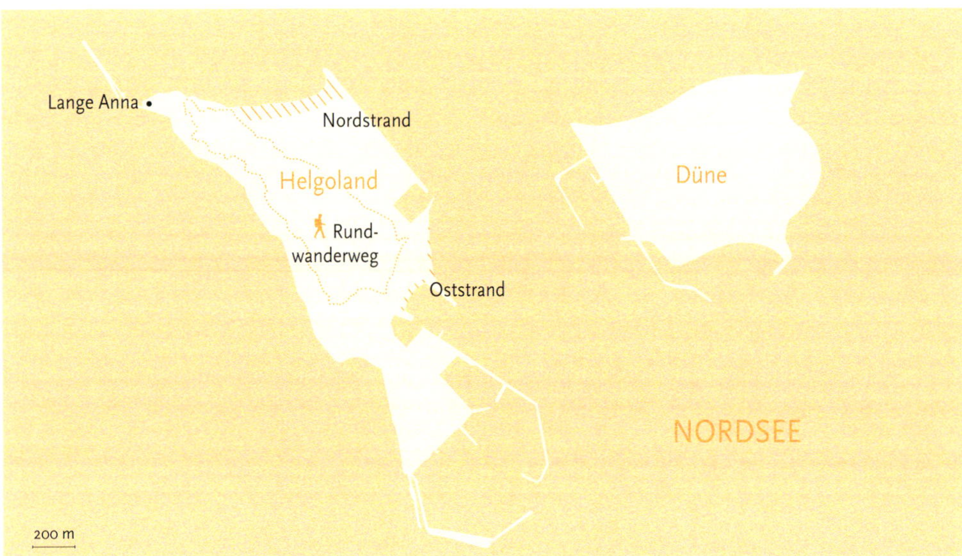

<<<
Nach Winterstürmen werden auf Helgoland manchmal große Bernsteinstücke angespült.

<<
Silbermöwen sind an der Nordseeküste und auf Helgoland häufig vorkommende Brutvögel.

<
Man bezeichnet die Seehund- und Kegelrobbenbabys auch als Heuler, weil sie unentwegt nach ihrer Mutter rufen.

DAS WATTENMEER, seit 2009 Unesco-Weltnaturerbe, ist das größte Tidegebiet und Gezeitenökosystem der Erde. Es macht 60 Prozent aller Tidegebiete in Europa und Nordafrika aus. Um die 10 000 Tier- und Pflanzenarten gibt es hier, unter anderem Seehunde und Schweinswale. Oder den Queller, dessen „Laub" im Herbst manche Salzwiese leuchtend rot färbt und der in der Sterneküche gerade als Delikatesse entdeckt wird. Wenn die Ebbe den Meeresboden freigibt, kann man bei einer Wanderung im Watt noch andere Schätze entdecken, zum Beispiel Bernstein, das „Gold des Nordens". Mit etwas Glück findet man bis zu walnussgroße Stücke, vielleicht sogar mit Einschlüssen. Ein besonders geeigneter Ort, die Artenvielfalt dieses Schutzgebietes zu entdecken, ist Helgoland. Auf der nur einen Quadratkilometer großen Insel und ihrer noch kleineren Schwester Helgoland-Düne existieren über 370 Vogelarten! Einmal sah ich auf Helgoland sogar eine Gruppe der in Deutschland äußerst seltenen Sumpfohreulen. Mir ging gerade durch den Kopf, was für ungewöhnliche Tiere sich auf dieser winzigen Insel zur Rast versammeln, als etwa 15 dieser majestätischen Eulen mit ihrem völlig lautlosen Flügelschlag knapp über dem Wasser angeflogen kamen. Was für ein Anblick!

Die Raubtiere von Düne

Immer, wenn ich Menschen nach dem größten Raubtier Deutschlands frage, bekomme ich als Antwort „Wolf" oder „Luchs" – einen Bären haben wir im Moment ja nicht. Als Nächstes wird oft der Fuchs oder der Dachs genannt. Aber keiner kommt auf die

Kegelrobben sind die größten Raubtiere Deutschlands. Obwohl nur auf Flossen unterwegs, sind sie an Land erstaunlich schnell.

Nur wenige Tage nach dem Gebären werden Kegelrobbenmütter erneut brünstig. Dann bedrängen die Bullen sie wieder heftig.

Kegelrobbe. Vielleicht, weil es in Deutschland nur zwei Kolonien gibt, eine bei Amrum und die andere auf Helgoland-Düne, meist einfach Düne genannt. Vielleicht auch, weil kaum einer diese Tiere zu den Beutegreifern zählt. Tatsächlich sind sie mit einer Länge von bis zu 2,30 Metern und einem Gewicht von bis zu 300 Kilogramm Deutschlands größte Beutegreifer.

Die Kegelrobbe war in Deutschland bereits ausgerottet – schuld daran waren unter anderem Fischer, die sie als Fressfeinde verfolgten und jagten – und hat sich von allein wieder angesiedelt. Sie ist also ein Rückkehrer, wie Bär Bruno einer war. Bruno konnte sich allerdings leichter verstecken und dem Zugriff des Menschen entziehen, zumindest eine Zeit lang. Nun sind die Kegelrobben also wieder da. Doch warum haben sie sich ausgerechnet die nur etwa 0,7 Quadratkilometer große Düne ausgesucht, die sich die Tiere auch noch mit einem Flugplatz teilen müssen? Der Hauptgrund ist, dass sie ihre Jungen im Dezember bekommen, zur Sturmflutzeit, und Düne einen recht sicheren „Hafen" bietet. Außerdem gibt es bei Helgoland reiche Futtervorkommen, vor allem viele Krustentiere, Krebse, Hummer, Plattfische und dergleichen – alles Tiere, die leicht zu erbeuten sind. Das ist für die Kegelrobbenbabys lebenswichtig, denn sie werden bereits gut zwei Wochen nach der Geburt von ihren Müttern entwöhnt. Die verlassen ihren Nachwuchs in diesem Alter nämlich für immer. Der Fettvorrat, den sich die Kleinen bis dahin angefressen haben – Robbenmilch ist die fetthaltigste Milch überhaupt – hilft ihnen über die ersten Tage hinweg, doch danach müssen sich die völlig unerfahrenen Jäger allein versorgen, und da ist eine leichte Beute von unschätzbarem Vorteil.

Cleo und ich kamen während eines schweren Sturms auf Helgoland an. Noch am selben Tag konnten wir beobachten, wie die meisten Kegelrobben, zumindest

Jeder ausgewachsene Bulle besetzt einen bestimmten Strandabschnitt auf der Insel Düne und verteidigt diesen gegenüber Rivalen. Der blutige Hals allerdings rührt von den Verteidigungsbissen bedrängter Weibchen her.

die Mütter mit ihren Jungen, die Dünen hochrobbten, was uns verwunderte. Die Lösung des Rätsels kam über Nacht: eine Sturmflut. Die Tiere hatten deren Nahen instinktiv gespürt. Das bestätigte uns Rolf Blädel, Helgolands charismatischer Naturschutzbeauftragter, der nicht nur alles über Kegelrobben, sondern auch über Seehunde, Zugvögel, Strandgut und Seeräuber weiß.

Interessant ist, dass Kegelrobben, ähnlich wie Steinwild, trotz der jahrzehntelangen Verfolgung und Bejagung kaum Scheu vor dem Menschen zeigen. Solange man einen Abstand von nur wenigen Metern hält, wird man von den Tieren schlicht ignoriert. Man kann so aus nächster Nähe beobachten, wie die Weibchen ihre Jungen säugen oder liebestolle Bullen abwehren,

›
Rolf Blädel, der Seehund- und Robbenvater von Helgoland, mit einem erst vier Tage alten Heuler, der zu früh von der Mutter verlassen wurde.

wobei sie allzu aufdringlichen Exemplaren auch schon mal schwere Wunden zufügen. Oder wie die Männchen ihr Territorium, einen bestimmten Strandabschnitt, verteidigen. Mehrmals versuchte ich eine Geburt zu filmen und saß, wenn ich ein Weibchen in den Wehen entdeckte – man erkennt sie daran, dass immer wieder ein Zittern durch ihren Körper läuft – stundenlang auf der Lauer. Drei Stunden, fünf Stunden, und am nächsten Morgen war der Heuler immer noch nicht da. Das ist für die Tierwelt eine ungewöhnlich lange Zeit. Bei anderen Weibchen geht es recht schnell, da ist in wenigen Stunden alles vorbei. Jedenfalls schaffte ich es nicht, eine Geburt zu filmen.

Will man Kegelrobben beobachten, braucht man eine unempfindliche Nase, denn Kegelrobben stinken – was man nicht glauben möchte, weil sie ja quasi mehrmals am Tag im Meer baden. Es ist nicht so, dass sie nur etwas unangenehm riechen, vielmehr wabert ein intensiver Raubtiergeruch über der Kolonie. Und man braucht einen unempfindlichen Magen. Auf Düne darf man im Winter nicht übernachten und muss jeden Morgen mit der Fähre von Helgoland herüber- und abends zurückschippern. Bei stürmischem Wetter kein Vergnügen, denn es kann gewaltig schaukeln. Als wären Gestank und Geschaukel nicht genug, bläst einem der Wind ständig Sand und anderes Strandgut ins Gesicht.

Erlebnis Vogelzug

Neben den Kegelrobben sind es vor allem Vögel, die Naturfreunde nach Helgoland und ins Wattenmeer locken. Im Dezember sind hier jede Menge Wintergäste zu bestaunen: Pracht- oder Eistaucher, Mantel-, Zwerg- und Polarmöwen, Eider- und Trauerenten, Zwergschnepfen, Meeresstrandläufer, Ohrenlerchen, Schneeammern, Trottellummen und viele mehr. Zweifellos interessante und zum Teil sehr schöne Tie-

›

Bei stürmischem Wetter im Dezember bekommen die Kegelrobben Nachwuchs. Nur 14 bis 18 Tage lang werden die Jungen von der Mutter betreut, dann sind sie sich selbst überlassen. Kein höher entwickeltes Säugetier kümmert sich kürzer um seinen Nachwuchs.

‹ Eine Kegelrobbenpaarung ist ziemlich unromantisch: Der Bulle versucht das Weibchen mit seinem enormen Gewicht zu Boden zu drücken. Danach wuchtet er sich sofort zum nächsten Weibchen und versucht auch dort sein Glück.

re, doch wer etwas wirklich Außergewöhnliches erleben will, sollte im Herbst hierherkommen. Dann nutzen zehn bis zwölf Millionen kleine Zugvögel aller Art auf ihrem Weg von den hauptsächlich arktischen Brutgebieten in die Winterquartiere in Afrika das Wattenmeer als Rastplatz und Energietankstelle. Es ist ein unglaubliches Erlebnis, wenn Schwärme von Zehntausenden Vögeln über einen hinwegrauschen. Dieses Schauspiel dauert nur wenige Tage, höchstens zwei Wochen. Der Vogelzug im Frühjahr ist übrigens weit weniger spektakulär, da er sich über eine längere Zeit erstreckt und die Tiere sich dann nicht zu so großen Schwärmen zusammenfinden.

Während ihrer Rast in Norddeutschland fressen sich Alpenstrandläufer, Austernfischer, Sandpieper, Thorshühnchen und Pfuhlschnepfen an Muscheln, Schnecken und Würmern satt, bevor sie die nächsten 1000 oder mehr Kilometer in Angriff nehmen. Bei ihrer Ankunft haben vor allem die Langstreckenzieher unter den Zugvögeln schon eine enorme Strecke hinter sich und sind völlig entkräftet. Für Greifvögel wie Habichte, Wanderfalken, Sperber oder auch Sumpfohreulen sind die Vogelzüge daher eine Zeit des Festschmauses. Der Tisch ist dann so reich gedeckt, dass sie teilweise nur das zarte Brustfleisch ihrer Beutetiere fressen und den Rest verschmähen. Manche Zugvögel schaffen es gar nicht bis ins Watt oder an die Festlandküste. Das Naturgesetz ist unbarmherzig: Wer's nicht schafft, fällt ins Wasser. Da finde ich es immer wieder tröstlich, dass Helgoland als Notlandeplatz dient.

Einen faszinierenden Anblick bietet das herbstliche Wattenmeer bei Flut: Die Vögel, die sich vor dem herannahenden Wasser nicht aufs Festland oder die Inseln zurückziehen, drängeln sich zu Zehntausenden auf den wenigen Schlickbänken, die sogar bei Flut aus dem Wasser ragen, und warten dort auf die Ebbe. Wenn sich so ein

Diese Kegelrobbe ist nicht zimperlich und verteidigt ihr Junges gegen meine Kamera.

Auf den Salzgraswiesen im Wattenmeer finden sich im Frühjahr zahlreiche Säbelschnäbler und Stelzenläufer zum Brüten ein.

›
Der Biologe Hermann Hötker bei der Beringung von Austernfischern. Er legt den Tieren verschiedenfarbige Ringe mit unterschiedlichen Buchstabenkombinationen an, um sie auch aus der Entfernung identifizieren zu können. Austernfischer werden bis zu 30 Jahre alt.

Schwarm wie auf Kommando erhebt und als riesige Wolke über mich hinwegrauscht, verschlägt es mir jedes Mal den Atem.

Dass Zugvögel zweimal im Jahr einen entbehrungsreichen Flug auf sich nehmen, liegt unter anderem am wärmeren Klima und dem üppigeren Nahrungsangebot in den Winterquartieren. Die sogenannte Flugunruhe ist aber auch genetisch bedingt, und Flugrichtung sowie Flugdauer sind angeboren, wie mein guter Freund Peter Berthold und andere Ornithologen nachgewiesen haben. Ihren Weg finden die Zugvögel dank einer Art innerem Kompass, der sich am Erdmagnetfeld orientiert. Wo dieser Kompass sitzt und wie er funktioniert, ist allerdings noch nicht erforscht.

Wie lange werden wir den Anblick des Vogelzugs in diesen Dimensionen noch genießen können? Durch die Verschmutzung der Meere finden sich immer weniger Futtertiere, sodass bei manchen Arten, etwa dem Austernfischer, ein dramatischer Rückgang zu beobachten ist. Eine Rolle spielt auch der Klimawandel. Selbst eine minimale Erwärmung der Gewässer um nur ein oder eineinhalb Grad führt zu einem großen Artensterben. Nicht von ungefähr sind die kalten Gewässer die artenreichsten. Die Nordsee als sehr flaches Meer mit stellenweise nur wenigen Metern Tiefe ist von Verschmutzung und Erwärmung besonders stark betroffen, auch wenn sie heute sauberer ist als vor 30 Jahren. Für die Zugvögel ist es keine Alternative, ihre Rast weiter im Norden, in kälteren Gewässern einzulegen, weil die Reststrecke nach Afrika schlicht zu weit wäre. In Afrika wiederum sorgt die Erderwärmung dafür, dass sich die Sahara immer weiter ausbreitet – schon jetzt schaffen viele Zugvögel es nicht mehr, sie zu überqueren.

<

Junge Mantelmöwen auf Helgoland kurz nach dem Schlüpfen. Das dritte Junge schneidet und hackt sich gerade mit seinem Eizahn durch die Schale. Mantelmöwen nisten gern auf Inseln oder Klippen, die der Küste vorgelagert sind.

MEINE MAGISCHEN ORTE

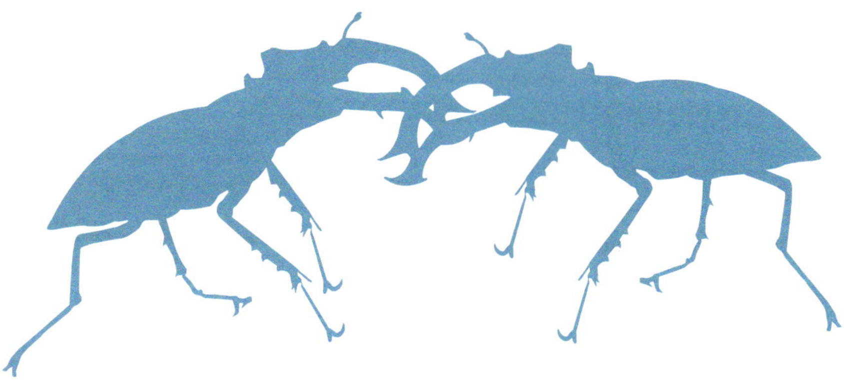

<<<
Seit frühester Kindheit fühle ich mich von Feuersalamandern magisch angezogen.

<<
Gewitterstürme faszinieren mich und lassen mich gleichzeitig erschaudern. Als Kind wurde ich durch einen Blitz schwer verletzt.

<
Von Bäumen aus bekommt man Einblicke in das Waldleben, die vom Boden aus nie möglich wären.

FÜR MICH GIBT ES ORTE, an denen alle Sorgen von mir abfallen, wo ich mein Wesen spüre und meinen Weg sehen kann. Oft sind dies Orte aus meiner Kindheit oder solche, die mich daran erinnern. Sie strahlen eine Kraft und Ruhe aus, die man nur schwer in Worte fassen kann. Eine Quelle, ein See, ein alter Baum, ein Findling, eine Ruine, eine Höhle, ein Vulkankegel, eine Felsformation oder Großmutters Garten, vielleicht aber auch nur ein Lagerfeuer, dessen Licht, Wärme, Geräusch und Geruch alte Erinnerungen aufleben lässt.

Kein anderes Säugetier ist so viel umhergezogen wie der Mensch. Im Lauf von 200 000 Jahren haben wir fast den gesamten Erdball besiedelt. Der Drang zu erkunden, was hinter den Bergen, hinter dem Meer oder jenseits der Steppe ist, liegt uns im Blut. Aber wir haben auch das Bedürfnis, immer wieder an bestimmte Orte zurückzukehren. Was uns an ihnen fasziniert und warum sie diese Anziehungskraft haben, lässt sich wissenschaftlich nur bedingt erklären. Aber dort herrscht eine besondere Atmosphäre: Du möchtest innehalten, dein Atem fließt ruhiger, und du fühlst dich auf unerklärliche Weise ergriffen oder berührt.

Manche dieser magischen Orte berühren Menschen seit uralten Zeiten auf eigenartige Weise: Stonehenge, die Felsenreihen von Carnac, die Externsteine im Teutoburger Wald, der Kegelberg Ipf auf der Schwäbischen Alb, der Kyffhäuser, wo Kaiser Barbarossa der Sage nach auf eine neue Welt wartet, der Heiligenberg bei Heidelberg, wo schon Kelten, Germanen und Römer ihre Götter ehrten, die Teufelsmauer bei Thale im Harz – es gibt so viele.

<
Feuersalamander sondern ein giftiges Sekret ab, das sie vor Fressfeinden und Hautpilzen schützt. Auch ihre Signalfarbe dient der Abschreckung.

Letztlich sind magische Orte dort, wo wir das finden, was uns das tägliche Leben privat oder beruflich nicht bieten kann, wonach wir uns aber sehnen. Ein Ort, auf den man sich in dem Moment, wo man ihn verlässt, schon wieder freut. Wichtig finde ich, dass ein magischer Ort in der Natur ist, wo er sich je nach Jahreszeit und Wetter oder auch nach eigener Befindlichkeit unterschiedlich präsentiert. Erstaunlicherweise liegt er für viele Menschen an einem Gewässer. Wir fühlen uns von Wasser angezogen, ob das ein Bergbach, ein Waldsee, das Meer oder einfach nur die Badewanne ist. Das hängt vielleicht damit zusammen, dass wir letztlich ja aus dem Wasser, aus der „Ursuppe" kommen. Vielleicht erinnert es uns tief drinnen auch an den Mutterbauch. Für andere Menschen ist der magische Ort ein Berg, von dem aus man einen weiten Blick über die Landschaft hat, der die Seele und die Gedanken weitet und einen in gewisser Weise über die Dinge erhebt.

Der magische Bach

Ich habe mehrere dieser für mich magischen Orte. Einer davon ist ein Bach, an dem ich schon Hunderte von Stunden verbracht habe. Zum einen erinnert er mich an einen Bach meiner Kindheit. Wenn man älter wird und dann Orte entdeckt, die einen an die Kindheit erinnern, wird man selbst wieder zum kleinen Jungen oder Mädchen und macht Dinge, die man als Acht- oder Neunjähriger getan hat. Man fängt an, ein Kinderlied zu singen, lässt Steine über das Wasser hüpfen, springt in Pfützen oder wälzt sich im Heu. Man zeigt eine Fröhlichkeit, die einem im Ernst des Lebens abhanden gekommen ist, und das tut der Seele gut. Tiere kennen das übrigens auch. Selbst bei Leittieren bricht manchmal kindliches oder jugendliches Empfinden und Verhalten durch, dann spielen sie wie Tierkinder, und man merkt, wie wohl ihnen das tut.

Zum Absetzen ihrer Larven oder Eier suchen Feuersalamander Gebirgsbäche auf. Sie sind aber keine guten Schwimmer. Nicht selten werden sie von der Strömung erfasst, und manche ertrinken.

Entspannt liege ich unter einer alten Rotbuche auf dem Waldboden und genieße die letzten warmen Strahlen der Herbstsonne. Für die Marienkäfer bedeutet es vielleicht das letzte Sonnenbad vor der langen Winterruhe.

>
Meine alte Waldhütte in einem abgelegenen Tal in den Bergen. Hier habe ich schon unzählige Stunden verbracht, schreibend und träumend.

Zum anderen kann ich an dem Bach meine Alltagssorgen vergessen und mich völlig auf die Natur dieses zwar kleinen, aber intakten und außergewöhnlichen Lebensraums einlassen. Er hat mich als Tierfilmer geprägt und ist für mich bis heute voller Magie. An diesem Bach gibt es immer wieder viel zu entdecken, nichts eigentlich Neues, weil ich die Umgebung gut kenne, jede Wasseramsel, jeden Eisvogel, jeden Schwarzstorch und jeden Feuersalamander, der dort lebt.

Feuersalamander sind bemerkenswerte Tiere. Sie haben für so kleine Lebewesen eine überraschend lange Tragzeit von acht bis neun Monaten – je nach Lebensraum – und können ein Alter von mehr als 20 Jahren erreichen; ein in Gefangenschaft lebendes Exemplar soll sogar über 50 Jahre alt geworden sein. Außerdem verfügen Salamander über die Fähigkeit, verlorene Körperteile regenerieren zu können. Der mexikanische Schwanzlurch Axolotl kann sogar Organe und Teile des Gehirns neu bilden. Ich hatte mal einen Feuersalamander, dem ein Auto einen Fuß abgefahren hatte. Es dauerte zwar mehr als ein Jahr, aber dann war der Fuß samt Zehen und Krallen komplett, wenn auch etwas verkümmert, nachgewachsen. Für die Wissenschaft ein hochinteressantes Thema. Fände man heraus, welche Mechanismen hinter dieser Regenerationsfähigkeit stecken, könnte man eines Tages vielleicht darauf hinarbeiten, dass amputierte oder bei einem Unfall verlorene Gliedmaßen auch bei Menschen teilweise nachwachsen.

Das giftige Sekret, das der Feuersalamander über Hautdrüsen absondert, soll – neben seiner charakteristischen Warnfarbe – zwar auch Fressfeinde abwehren, hemmt aber außerdem das ungehinderte Wachstum von Pilzen und Bakterien auf seiner feuchten Haut. Alles in allem also ein wirklich erstaunliches Tier. Für Menschen ist das Gift normalerweise harmlos und ver-

<
Wenn ich entspannt bin, überträgt sich das schnell auf Cleo. Tiere, die eine enge Bindung zum Menschen eingehen, fühlen oft sehr ähnlich.

ursacht lediglich ein leichtes Brennen auf der Haut. Nur bei sehr empfindlichen Menschen oder Kleinkindern kann es auch Übelkeit und Atembeschwerden verursachen. Wenn man an einem Feuersalamander leckt, was ich schon gemacht habe, aber nicht zur Nachahmung empfehle, merkt man, dass er sehr bitter schmeckt. Von alledem abgesehen, finde ich die Zeichnung der Tiere hübsch. Die gelben Flecken bleiben zeitlebens gleich, sodass man einen Feuersalamander noch nach 10 oder 20 Jahren wiedererkennen könnte. Verblüffenderweise sind Feuersalamander keine guten Schwimmer, sie haben nämlich keine Schwimmhäute zwischen den Zehen, und so ertrinkt mancher Feuersalamander, wenn er von einer Strömung erfasst und in tieferes Wasser getrieben wird. Seinen Namen verdankt er übrigens dem Aberglauben, er könne Brände löschen, weshalb er in alten Zeiten häufig ins Feuer geworfen wurde.

Der magische Ort in den Bergen

Ein anderer meiner magischen Orte ist ein Waldhäuschen an einem Berghang, von dem aus man einen wunderbaren Blick ins Tal hat. In dieser Holzhütte riecht es nicht einmal gut, und der Siebenschläfer, der darin wohnt, macht immer Krach, dafür hört man kein Auto, kein Flugzeug, keine Zivilisationsgeräusche. Es ist eine richtige Schutzhütte, in die ich mich nicht nur bei schlechtem Wetter zurückziehen kann.

Was mir an dem Häuschen besonders gut gefällt und was es zu einem magischen Ort für mich macht, ist, dass ich dort ein Teil der Waldlandschaft bin und fast zum Bewohner einer „Wald-WG" werde. Neben dem rumorenden Siebenschläfer zählen Kleiber, die sich eine Höhle in einen der Holzbalken geklopft haben, zu meinen Mitbewohnern. Kleiber werden auch Spechtmeisen genannt, weil ihre Lebensweise und ihr Aussehen sowohl an Spechte als auch

Ein riesiger verlassener Steinbruch zählt zu meinen Kraftorten. Hier ist es immer still und deutlich wärmer als in der Umgebung, denn die Steine speichern die Energie des Sonnenlichts.

>
Im Inneren der Eiche leben Heldböcke – große Insekten, die kaum einer je zu Gesicht bekommen hat.

an Meisen erinnern. Die kleinen Vögel sind mit ihrem blaugrauen Rücken und dem gelb- bis rostroten Bauch hübsch anzusehen, aber noch mehr fasziniert mich ihr abwechslungsreiches Rufen, das mal kräftig und laut, mal schnell und trillernd, mal langsam und harmonisch ist. Ein Hornissenschwarm hat sein Zuhause in einem Nest unter dem Dachvorsprung, und ein Igel hält Winterschlaf in seinem gepolsterten Nest unter dem Häuschen. Manchmal schnuppert ein Wildschwein an den Holzbalken, die so herrlich nach Buchenholzteer riechen – ein Duft, dem Schwarzwild kaum widerstehen kann. Für mich ist das Waldhäuschen eine heile Welt für sich, in der ich zur Ruhe kommen kann.

Die magische Eiche

In der Colbitz-Letzlinger Heide steht eine jahrhundertealte Eiche, die ich das erste Mal als kleiner Junge besuchte. Die Eiche hat sich seither kaum verändert. Schon als Elfjähriger erkundete ich das Leben auf ihren knorrigen Ästen und in ihrem hohlen Inneren, und noch heute klettere ich immer noch gern an und in ihr herum – wenn auch nicht mehr so leichtfüßig. In ihrem hohlen Stamm kann man wundersame Tiere erleben, Große Heldböcke und ein Hornissennest zum Beispiel. Ich glaube sogar, dass, wenn man mich mit verbundenen Augen zu diesem Baum bringen würde, ich ihn an dem Geruch seiner Hohlräume erkennen könnte: eine einzigartige Mischung aus morschem Holz, Honigwaben, toten Tieren und Fledermauskot. Es riecht nicht gut, aber auf mich wirkt der Geruch beruhigend – magisch. Die Eiche ist ein eigener Mikrokosmos, den ich immer wieder tagelang beobachte: die Hirschkäfer mit den gewaltigen Beißzangen und ihren archaischen Kämpfen, den hübschen Wiedehopf mit seinem großen Federkamm, den Pirol, der singt wie ein Vogel aus den Tro-

<
Auf diese Eiche bin ich schon als Elfjähriger geklettert. Sie hat sich in den letzten 40 Jahren kaum verändert, und ich kenne jeden ihrer Äste.

<
Eine 800 Jahre alte umgestürzte Eiche: Mehr als 100 Jahre dauerte ihr langsames Sterben. An solchen Orten sind Mythen und Märchen entstanden.

>
Hirschkäfer haben den Menschen schon immer fasziniert und unsere Fantasie angeregt. Ihre Zukunft ist eng mit dem Erhalt naturnaher Mischwälder verbunden.

pen, den Ziegenmelker mit seinem seltsam klingenden Balzgesang. Nachts kommen ein Dachs, ein Baummarder oder ein paar Wildschweine vorbei. Wenn ich dann morgens aufwache, der Boden ringsum und der Schlafsack mit Tau überzogen, und mir einen Kaffee koche, ist die Welt für mich in Ordnung.

Cleo fühlt sich an vielen Orten wohl, aber an meinen magischen Orten und speziell an „meiner" Eiche ist auch sie völlig entspannt und gelöst. Wahrscheinlich spürt sie, dass ich meinen Seelenfrieden habe, und das überträgt sich auf sie. Vielleicht merkt sie auch: Wenn ich mich an Orte wie diese zurückziehe, um inneren Frieden zu finden, ist das für mich kein Rückzug aus dem Leben – im Gegenteil.

<
Waldeinsamkeit – mit Blick auf den weiten Horizont fühle ich mich vollkommen frei: ein Ort der Inspiration und der Sehnsucht nach Leben.

KLEINER WILDNIS-KNIGGE

Was man braucht

Der Wanderrucksack darf nicht zu schwer sein, muss gut auf den Hüften sitzen und individuell angepasst werden können. In Sachen Wanderkleidung sollte man auf Bequemlichkeit, Funktionalität und Robustheit achten. Der gute alte Regenponcho zum Beispiel ist leicht, nimmt zusammengefaltet wenig Platz ein und schützt nicht nur den Wanderer, sondern auch den Rucksack vor Nässe. Jacken halten nur den Oberkörper trocken, während die Hose pitschnass werden kann und das Wasser auch noch direkt auf die Schuhe weiterleitet. Niemals mit neuen Wanderschuhen auf eine längere Tour gehen, immer nur mit eingelaufenem Schuhwerk. Wer stark schwitzt, der achte auf atmungsaktive Kleidung.

Für Tierbeobachtungen empfehle ich ein Fernglas mit acht- oder zehnfacher Vergrößerung, z. B. 8 x 25 oder 10 x 30. Damit kann man auch freihändig ruhige Beobachtungen machen, ohne dass das Bild sehr zittert. Mit der Fotografie ist das so eine Sache: Wer anspruchsvoller ist, sollte eine Kamera benutzen, die auch im RAW-Format fotografiert. Für denjenigen, der in erster Linie Erinnerungsfotos machen will, ist eine kleine Kompaktkamera ausreichend. Man sollte Ersatzbatterien dabeihaben, denn es gibt nichts Schlimmeres, als ein schönes Motiv vor sich zu haben, und die Kamera löst nicht mehr aus. Ein Kompass ist hilfreich, wenn man querfeldein laufen will. Bei bedecktem Himmel läuft man ohne Orientierung an der Sonne sonst nämlich schnell einen großen Bogen oder gar im Kreis. Das ist auch mir schon passiert. Seither trage ich einen kleinen Armbandkompass. Ein Hand-GPS ist toll, braucht aber viel Strom – ein Kompass funktioniert immer.

Man sollte sich nicht allein auf ein Gasthaus oder eine Berghütte verlassen: Ein isotonisches Getränk und ein Stück Schokolade oder ein Müsliriegel gehören ins Gepäck. Für Distanzwanderungen gilt: Wer nicht in Hütten oder Pensionen übernachten will und mit Zelt und Campingkocher loszieht, dem empfehle ich, eine kleine Stirnlampe mitzunehmen. Sie ist leicht, erzeugt viel Licht und braucht wenig Strom. Im Unterschied zu einer Taschenlampe hat man beide Hände frei, und die Stirnlampe leuchtet dahin, wohin man den Kopf dreht. Das hilft dabei, im Dunkeln ein Zelt aufzubauen oder den Campingkocher in Gang zu setzen – und auch, wenn man nachts mal rausmuss. Auf das bisschen Licht, das ein Handy-Display spendet, würde ich mich nicht verlassen.

Bevor man auf große Tour geht, ist es ratsam, mit der vorgesehenen Ausrüstung einen mehrstündigen Probelauf zu machen, um zu sehen, ob alles sitzt. Bei der Planung der Tagesetappen sollte man bedenken, dass man wegen des Gepäcks für eine mehrtägige Tour weniger Kilometer schafft als bei einer Tageswanderung. Nicht oder nur mäßig Trainierte sollten mit einer Wegstrecke von ungefähr 20 Kilometern pro Tag kalkulieren.

Was man darf

Überall in Deutschland hat der Schutz des Waldes und des Wildes Vorrang vor den Interessen des Wanderers. Hochsitze sind „jagdbetriebliche Einrichtungen" und dürfen von Unbefugten nicht betreten werden.

Außer in Nationalparks, Wildruhezonen, Brutzonen von seltenen Vögeln und dergleichen Schutzgebieten muss ein Hund nicht unbedingt an der Leine geführt werden. Außerhalb solcher Gebiete besteht übrigens kein Wegegebot, und man darf sich quer durch die Büsche schlagen. Ansonsten gilt, wie es im Gesetz heißt: Der Hund muss im Einwirkungsbereich des Hundeführers sein. Er muss auf Pfiff oder Zuruf folgen. Den Einwirkungsbereich muss jeder Hundeführer folglich selbst bestimmen, denn es gibt Hunde, die schon bei einer Distanz von zehn Metern nicht mehr gehorchen. Unfolgsame Hunde müssen demnach grundsätzlich angeleint werden, vielleicht mit einer besonders langen Feldleine.

Wenn man im Zelt übernachten will, egal ob im Privat- oder Landesforst, muss man den Grundbesitzer um Erlaubnis fragen. Aber woher soll ein Wanderer wissen, wem der Grund gehört, auf dem er sich gerade befindet? Es ist eine eher theoretische Maxime, und kaum ein Grundbesitzer wird sich daran stören, wenn ein Wanderer abends um zehn Uhr erschöpft sein kleines Zelt aufschlägt, ein paar Stunden schläft und am nächsten Morgen den Platz so verlässt, wie er ihn vorgefunden hat. Wenn aber der Eigentümer auftaucht und darauf besteht, dass man seinen Grund verlässt, so muss man das tun – und sei es mitten in der Nacht. Ebenso verhält es sich, wenn man auf einer Wiese zeltet oder sich ein Nachtlager in einer Scheune sucht. Hier hilft oft der alte Försterspruch „Wie man in den Wald hineinruft, so schallt es heraus". Um Ärger zu vermeiden, ist es am besten, auf einen ausgewiesenen Wald-Campingplatz zu gehen. Grundsätzlich verboten ist das Zelten in allen geschützten Gebieten.

In Deutschland gilt vom 1. März bis 31. Oktober ein Feuer- und Rauchverbot in Wäldern sowie auf Moor- und Heideflächen. Auch außerhalb dieser Zeit sollte eine Zigarette nicht achtlos weggeworfen werden. Angeln darf nur, wer einen Jahresfischereischein und eine Tageskarte für das jeweilige Gewässer hat. Das gilt für alle Gewässer, auch für den Bach im tiefsten Wald. Wer illegal angelt, riskiert eine Anzeige wegen Fischwilderei. „Souvenirs" wie Adlerfedern, Geweihstangen, Eckzähne von Keilern darf man nicht mitnehmen. Das wäre ein Verstoß gegen das Naturschutz- oder das Jagdrecht; es sollen keine Begehrlichkeiten geweckt werden. Also: bestaunen, fotografieren – und liegen lassen.

Wer aus Bächen trinken möchte, sollte bedenken: Oft gibt es Oberflächenwassereinleitungen von Spritzmitteln oder Gülle. Der eine verträgt das, der andere nicht. Auch wenn das Wasser in einem Bach sauber und klar aussieht, sollte man vorsichtig sein.

Was man tun sollte

An Pilze sollten sich nur Kenner heranwagen. Eine Pilzvergiftung führt zu starker Übelkeit. Die beste Erste Hilfe ist, den Finger in den Hals zu stecken und so viel wie möglich zu erbrechen. Auch für Kräuter und Beeren gilt: Wer Früchte nascht oder sich einen Wildkräutersalat macht, sollte sich seiner Sache sicher sein. Bärlauch etwa ist leicht mit den giftigen Blättern des Maiglöckchens zu verwechseln. Auch Herbstzeitlose, Fingerhut, Goldregen und Tollkirsche sind höchst giftig.

Wer von einer Zecke gebissen wurde, sollte die Bissstelle genau beobachten. Wenn sie sich rot färbt, sofort einen Arzt aufsuchen. Zecken können Krankheiten mit schweren Spätfolgen übertragen. Tollwut ist in Deutschland keine Gefahr mehr. Es ist höchst unwahrscheinlich, dass man von einem Fuchs oder Marder gebissen wird. Falls doch, sollte man sich impfen lassen. Ebenso, wenn ein streunender Hund oder eine streunende Hauskatze zubeißt.

Und schließlich: Wie verhält man sich, wenn man Wildtieren begegnet? Bei Drohgebärden gilt: Man ziehe sich deutlich erkennbar zurück, trete dabei aber selbstbewusst auf. Dass Rehe oder Hasen ihre Jungen nicht mehr annehmen, wenn sie nach Mensch riechen, ist unwahrscheinlich, weil der Mutterinstinkt stärker ist als die Abneigung gegen menschliche Witterung. Dennoch sollte man Jungtiere nicht anfassen und sich sofort entfernen.

Bemerkt ein Wildschwein einen Menschen, zieht es sich zurück. Daher sollte man in Wildschweingebieten in normaler Lautstärke reden, ab und an auf Äste treten oder singen. Überrascht man eine Bache mit ihrem Nachwuchs, wird sie ihre Borsten aufstellen, schnauben und zwei, drei Meter auf einen zulaufen. Das ist aber kein Angriff, sondern reines Drohverhalten. Wenn man signalisiert, dass man das Tier wahrgenommen hat, mit ihm redet („Ist ja gut, ich geh ja schon!"), während man sich langsam rückwärts aus der Gefahrenzone entfernt, wird die Bache vielleicht noch kurz nachsetzen, um sicherzustellen, dass sie den Eindringling vertrieben hat, aber nicht angreifen. Wer einen einzelnen Frischling im Wald findet, sollte ihn niemals anfassen! Ein Quieken, und schon ist Mama da.

Da Wölfe in Deutschland jahrhundertelang gejagt wurden, sind sie heute überwiegend dämmerungs- und nachtaktiv und sehr scheu. Sie verspüren eine tiefe Angst vor dem Menschen und gehen ihm aus dem Weg. Schon die Kleinsten haben das verinnerlicht. Selbst für Tierfilmer ist es extrem schwierig, Wölfe vor die Kamera zu bekommen. Für einen normalen Wanderer ist die Wahrscheinlichkeit, dass er in Deutschland in freier Natur einem Wolf begegnet, fast kleiner als ein Sechser im Lotto. Sieht man tatsächlich einen Wolf, der in 100 Meter Entfernung über eine Lichtung huscht, bevor er wieder im Wald verschwindet, sollte man das als großes Glück betrachten.

IMPRESSUM

Texte: Andreas Kieling unter Mitarbeit von Sabine Wünsch

Fotos: *Ralf Blasius* Vorsatz, 76, 78, 80, 81, 90 oben, 90 unten, 91, 95, 100, 101 unten, 112, 113, 118, 120, 124, 125, 130. *Michael Gärtner* 103, 104, 105, 109. *Frank Gutsche* Umschlagvorderseite, 5 (Nr. 12), 10 links, 12 oben, 14, 25, 64 unten, 74 links, 96, 97, 98, 99, 106, 107, 162 links, 167, 194 links, 198, 205, 216. *Uli Hauser* 15, 22 oben, 22 unten, 157 unten. *Stephan Höferer* 142 rechts, 145, 147, 152. *Ralf Koch* 188, 190 oben, 190 unten. *Birgit Kieling* 42 links, 58. *Erik Kieling* Nachsatz, 2 (Nr. 1), 30 links, 34 oben, 34 unten, 137, 220, 221. *Thore Kieling* 51, 54, 215. *Anne Lenz* 138 oben, 138 unten, 139, 140, 141. *Yorck Maecke* 157 oben, 160, 161. *Hardy Müller* 2 (Nr. 6/7), 8, 20, 21, 23, 26, 27, 29, 45, 68, 71, 72, 73, 144, Umschlagrückseite oben links. *Manfred Ossendorf* 3 (Nr. 12), 5 (Nr. 8), 84, 94 oben, 94 unten, 101 oben, 163. Alle anderen Fotos in diesem Band stammen von Andreas Kieling. Das Bild auf S. 153 wurde nachgestellt.

Veröffentlicht von National Geographic Deutschland, 2. Auflage, Hamburg 2013.

Konzept und Lektorat: Dr. Sascha Kirchner
Gesamtgestaltung und Bildredaktion: Erdgeschoss Grafik, Esther Gonstalla | www.erdgeschoss-grafik.de
Schlussredaktion: Katharina Harde-Tinnefeld
Herstellung: G+J Druckzentrale, Heiko Belitz (Ltg.), Thomas Oehmke
Litho: Peter Becker GmbH, Würzburg
Druck: Firmengruppe APPL, aprinta Druck, Wemding

Umschlagvorderseite: Andreas und Cleo im Berchtesgadener Land
Umschlagrückseite: Frühstück im Pfälzer Wald, Kegelrobben auf Helgoland, Seeadler am Schaalsee

Printed in Germany
ISBN 978-3-86690-341-8

Danke an: Derk Ehlert, Ole Anders, Hermann Hötker, Uli Weinhold, Peter Berthold, Carolin Scheiter, Uli und Marlies, Iris Gesang, Frank Gutsche, Jan Poggensee, Eckhard Panz, Ralf Koch, Jörg Gast, Oliver Krone, Stephan Höferer, Michael Bochen, Gerd Schuster, Frank Faß, Axel Imdahl, Eike Pahl, Björn Schulz, Torsten Wäder, Markus Lanz, Ralf Blasius, Peter Arens, Karl-Heinz Baumann, Christoph Keller, Michael Müller, Klaus-Peter Kellermann, Franz-Josef Fuchs, Jens Beuchler, Yorck Maecke, Robert Willeke, Thomas Herzog, Horst Schulze, Frederike Rövekamp, Rolf Blädel, Sarah König, Lisa Heimann, Anita Engel, Lorenz Köppl, Stefan Bost, Frank Rehnelt, Thomas Witt, Thorsten Fischer, Hans-Jürgen Wagner-Küpper, Sabine Wünsch, Birgit Kieling

Die National Geographic Society, eine der größten gemeinnützigen wissenschaftlichen Vereinigungen der Welt, wurde 1888 gegründet, um «die geographischen Kenntnisse zu mehren und zu verbreiten». Sie unterstützt die Erforschung und Erhaltung von Lebensräumen sowie Forschungs- und Bildungsprogramme. Ihre weltweit mehr als neun Millionen Mitglieder erhalten monatlich das National Geographic-Magazin, in dem namhafte Fotografen ihre Bilder veröffentlichen und renommierte Autoren aus nahezu allen Wissensgebieten der Welt berichten. Ihr Ziel: *inspiring people to care about the planet*, Menschen zu inspirieren, sich für ihren Planeten einzusetzen. Die National Geographic Society informiert nicht nur durch das Magazin, sondern auch durch Bücher, Fernsehprogramme und DVDs. Falls Sie mehr über National Geographic wissen wollen, besuchen Sie unsere Website unter www.nationalgeographic.de.